あなたの店を強くする

全員営業体制のつくり方

成果を生む仕組みとマネジメント

信金中央金庫
佐々木 城夛

近代セールス社

はじめに

皆さんは、「全員営業」という言葉を聞いて、どんな内容を、どういう活動を思い浮かべるでしょうか？

「何となくイメージはあるけれども、それ以上のことは分からない」

「全員で営業するということだと思うが、それ以上の細かいところまではよく知らない」

という方もいらっしゃるのではないでしょうか。

あるいは、

「実は、本部から『全員営業』を展開するように指示が来ているのだが、具体的に何をどうすればいいかは分からなくて…」

という営業店長もいらっしゃるかもしれません。

各金融機関の経営計画・事業計画や年次報告書などには、「全員営業」という言葉がよく登場します。また、新しい店舗に着任した営業店長が、所信表明で「全員営業による店づくり」「全員営業による営業推進」といったスローガンを掲げることも、珍しいことではなくなっています。

つまるところ、「全員営業」の必要性や重要性を感じている金融機関や営業店長が、それだけ多いということでしょう。現在のような難しい金融環境の中で成果を上げていくには、「全員営業」が一つの解になるのではないかと考えている人が少なくないという面があるのかもしれません。

にも関わらず、その内容となると、今一つ明確な認識が持てていない。具体的な推進策も見えていない。それが「全員営業」なのではないでしょうか。

ここで、皆さんに簡単なクイズを出したいと思います。少々お付き合いください。

クイズ 次の(1)～(4)のうち「全員営業」に当たるのはどれでしょうか？

（1）日頃は主に融資案件の事務手続きや来店顧客への説明対応を行っている融資窓口担当者が、全員営業を意識して、新規口座開設や定期預金取組時の端末オペレーションを修得すること

（2）日頃は主に外回りで顧客に対する金融商品のセールスを行っている渉外担当者が、全員営業を意識して、年金支給日の開店前にロビーにパイプ椅子を並べること

（3）日頃は主に顧客からの依頼内容に沿った事務処理をこなしているテラー（窓口担当者）が、顧客から「融資関

係のこういう商品・サービスがあると助かる」旨の意見を聴き、全員営業を念頭に置きながら応対メモを残すこと

（4）日頃は主に役席者に対する指導や管理を中心に行っている次長が、全員営業を念頭に置いた事務ミス発生率の引下げのため、オペレーション履歴を分析し、担当者個々人に対応策を指導すること

さて、どう思われますか。

まず（1）ですが、端末オペレーション自体は事務ですので、全員営業には当たらない……わけではありません。

次に（2）ですが、ロビーに椅子を並べただけで別に何かが売れるわけではありませんので、全員営業には当たらない……ことにはなりません。

さらに（3）ですが、顧客からの意見の聞き書きに過ぎませんので、全員営業には当たらない……わけではなりません。

最後に（4）ですが、事務水準の引上げ自体は、全員営業には当たらない……ことにはなりません。

つまりは、（1）～（4）のすべてが、いずれも全員営業と呼べるものなのです。

「そんなことを言えば何だって全員営業になってしまう」「こじつけ

ているだけだ」といった批判が聞こえてきそうです。ですが、いずれも全員営業となります。

詳しくは本書の中で述べますが、全員営業とは文字どおり、全員で行う営業のことです。ただ、そこで言う営業は、いわゆる狭い意味でのセールス活動にとどまらず、側面支援や後方支援的な活動もすべて含むのです。

それを機能させるには、店の全員が「誰かがやるのを（離れたところから）眺める・見守る」だけでなく、「自分がやる」「加わって手伝う」思考や行動に自らをシフトさせることが欠かせません。実務上では、端末処理を含めた正確な事務処理遂行能力の修得も避けられません。

そして、そうした思考・行動や能力を伴って実施される全員営業だからこそ、顧客満足度の向上や、収益アップにつなげることができるのです。

ただ、全員営業には、「やり方」を間違えると、思わぬ「負の結果」をもたらすリスクもあります。全員営業は本来、生産性を向上させ、労働時間の短縮につながるものです。しかしながら、「やり方」によっては、逆に営業店の総労働時間を増大させ、ひいては人件費を引き上げることにつながってしまう一面も認められます。

また全員営業では、行職員に対し、主担当の仕事以外にプラスαの仕事を担ってもらうことになります。ですので、しっかりと理解や納得が得られないままでの実施は、反発を買ったり労務上の問題を引き起こすことになりかねません。

このあたりも本書でたっぷり解説しますが、全員営業は、そうした点も十分に考慮したうえで展開していく必要があるのです。

最近の金融機関店舗では、取り扱う商品・サービスの種類がどんどん広がり、それに伴って、組織や業務も複雑化の一途をたどっています。店舗の構成員も、同一金融グループ内証券会社からの出向者がいたり、パート・派遣など時短勤務者も少なくありません。

そうした環境だからこそ、全員営業を行う余地や、全員営業を最適化する余地は広くなっていると考えます。

言い方を換えれば、全員営業を指揮する営業店長にとってのやり甲斐も、それだけ広がっていることになります。

近年の金融機関の営業窓口は、地域や業種ごと、あるいは商品や販売チャネルごとに区分されている形態も増えていますが、本書では、伝統的な営業店のスタイルを前提に、「全員営業水準を引き上げるための営業店長の“目の付け所”」を観点として述べさせていただきました。

できるだけ分かりやすく、具体的に説明したつもりですので、ぜひご一読いただき、皆さんのお店での全員営業の展開にお役立ていただければ嬉しく思います。

なお、文中の意見にわたる箇所は筆者の個人的見解であり、所属する団体の意見ではないことを申し添えさせていただきます。

佐々木　城夛

平成29年2月

目次 ●あなたの店を強くする全員営業体制のつくり方

第3章 "全員営業"実現のための体制づくり

第4章 “全員営業”で成果を上げるマネジメント手法

第6章 営業店長自身の“営業”を再度見直す

第1章

なぜいま“全員営業”なのか

1 いま金融機関に全員営業が必要とされる理由とは？

◆1　金融機関における“全員営業”とは？

全員営業とは何か。その答えをごく簡単に言えば、**営業店に所属する全員が、漏れなく協力して商品やサービスを販売すること**です。その「販売」の中身は、必ずしも、顧客に直接声を掛けて商品をセールスすることだけではありません。

例えば、年末年始などに金融機関名の入ったカレンダーを渡すことも、全員営業の一つの形です。同様に、顧客にＡＴＭの機能を説明することや、記帳台で伝票の記入方法を説明することなども、すべて全員営業の一つとして考えることができます。硬い表現で言えば、「環境形成」や「後方支援」を含むということになるでしょう。

また、商品・サービスの提供には、コンピュータ・システムや事務機器の操作を含む正確な事務処理が欠かせません。見方を変えれば、これまでも、直接のセールス活動以外に誰かがそうした処理を行ってくれていたからこそ、商品やサービスを提供できていたのです。

そうした事務処理を誰か一人ではなく全員で行うことができれば、その分だけ手伝える範囲が広がり、顧客の待ち時間を減らすことができるようにもなって、顧客満足の向上につながります。

全員営業は、文字どおり全員で行う営業ですので、「誰かがやる」のではなく、「自分が手伝う・参画する」視点が欠かせません。そうした観点から自店の状況を考えたとき、「まだこういうことができる」と認識できる箇所が残っているようであれば、その分だけ全員営業を機能化・最適化する余地があることになります。

そうしたことも踏まえて、本書では「全員営業」を、以下のように定義したいと思います。

●全員営業＝（パート・嘱託等の雇用形態を含む）営業店所属の行職員全員によって、次のⓐⓑ双方が満たされる状態
[※実施のための諸準備を含む]

ⓐ顧客への販売増強のため、“顧客目線”に沿って、担当業務・所属セクション・職位などの枠を越えてでも互いに具体的に協力し合う
ⓑ全員による営業活動を無理なく実施可能な体制が構築されており、実際に運用されている

◆2　なぜいま金融機関の営業店に「全員営業」が求められているのか

「はじめに」でも述べましたが、新しい営業店に着任した営業店長が、所信表明の中で「全員営業の実施」を打ち出すことは、珍しくありません。また、金融機関全体としても、中・長期経営計画などで「全員営業」をうたっている金融機関は少なくないと思われます。

では、なぜいま「全員営業」なのでしょうか。なぜいま金融機関の営業店に「全員営業」が求められているのでしょうか。

ここではまず、その点を掘り下げてみたいと思います。

①差別化につなげるために

誤解を恐れずに言えば、市中の預金取扱金融機関から提供される商品・サービスは、本質的にどこもほとんど変わりません。

こうした背景の下で、どこの金融機関や店舗も、同じような目標を割り当てられ、そう変わらない活動を展開する実態が見られます。「店舗はできるだけ人通りが多く賑やかなところに」あるいは「この商圏ならば採算に合うのでは」と同じように考えるため、競合金融機関同士が軒を並べている様子は珍しくありません。優良貸出先を巡って肩代り（借替え）が繰り返されるのも、融資の方針がどこも似たり寄ったりだからです。

そうした中での差別化は、商品・サービスの内容よりも、むしろ応対する行職員の対応姿勢や質によってもたらされることになります。顧客目線で適時適切に応対することが、顧客の金融機関選びの決定打になるのです。

視点を金融機関側に戻すと、目標だけでなく、営業店長が置かれた環境も似通っているはずです。どこの金融機関・店舗も、かつてに比べて人員が絞り込まれている一方で、商品体系や事務手続きは複雑化していることでしょう。役職定年者や再雇用者も増え、管理が難しくなってもいることでしょう。

インターネットに代表される情報・通信技術の発展は、以前からみられた競争環境をさらに煽り立てる影響をもたらしています。誰でも簡単に情報を発信できる時代ゆえ、口コミメディアの影響は小さくありません。金融機関が提供する商品やサービスのつくりだけでなく、応対姿勢なども、瞬く間に拡散される時代になりました。

そうした中で、**差別化の具体的な手段の一つに考えられるのが、全員営業**なのです。**全員営業を通じて店舗全体の生産性を引き上げ、保有する最大の経営資源、すなわち所属している行職員の動き方・動か**

し方を高度化できれば、それが根源的な差別化をもたらすことになります。

いま、金融機関の営業店に全員営業が求められる理由の一つが、そこにあります。

②顧客満足を高めるために

行職員として金融機関に勤務し続けていると、そうは感じないかもしれませんが、金融機関が取り扱う商品やサービスはそもそも複雑で、顧客にとって決して簡単なものではありません。

「住宅ローンは住む家が欲しいため仕方なく借りるもの」「定期預金は将来に備えて使わずに貯めておくもの」であるように、金融商品・サービスは、実需の裏側を支える位置づけにあります。それゆえに“経済の血液”とも呼ばれています。

したがって、顧客満足を引き上げるには、顧客の真のニーズを把握し、それに符合する商品やサービスを顧客にも分かるように紹介することが有効となります。すなわちコンサルティングです。

こうしたコンサルティングには手がかかるため、外国では、コンサルタントやアドバイザーに金融商品関係の相談を依頼することも珍しくありません。しかしながらわが国では、貯蓄や投資をめぐって（手数料など）費用を投じてまで専門家に相談する習慣や意識は、特に個人の間では一般的ではありません。

わが国でも、コンサルティングプラザといった窓口を設け、そこで顧客からの相談に対応している金融機関も増えてきました。しかしながら、多くの顧客にとって一番有り難いのは、いつも自分が利用している身近な営業店でいろいろなアドバイスを受けられたり、相談にのってもらえることであるのは間違いないでしょう。

もうお分かりだと思いますが、この観点でも、全員営業の実施や水準向上が極めて有効になります。つまり、**手の空いている者や情報提供に最適な者が速やかに顧客に対するコンサルティングを実施し、それに他の行職員が直接・間接に協力することができれば、顧客満足は自ずと高まる**ということです。

顧客ニーズが多様化・深化する中で、このようなコンサルティング営業に注力する金融機関も珍しくありません。こうした実態を踏まえても、以前に比べ、今は全員営業がさらに求められている環境下にあると言えるでしょう。

③店舗としての動きの最適化を図るために

現在、金融機関の営業店には様々な環境変化が否応なしに押し寄せてきています。かつて“聖域”視された人件費も今は昔であり、人員の総数が大きく絞り込まれただけでなく、パート・派遣などの有期雇用者が占める割合も上昇しました。小さな子どもを持つ時短勤務者も増えていることから、「みんな揃ってのミーティングもまともにできない」という声を聞くことも珍しくありません。

その一方で、規制緩和や情報・通信技術の伸展等に後押しされる形で、取扱業務の種類や分量は総じて増加し、行職員の負担は重くなるばかりです。

したがって営業店長には、こうした難しい状況に向き合い、顧客の期待に応えていくための体制づくりが否応なしに求められます。そしてそのためには、「従来どおりの考え方や動き方では、そもそも物理的に回らない・こなせない」現実を受け入れる必要があります。

全員営業は、こうした大きな流れ（トレンド）の中で必然的に生じてきた動きと捉えることもできるでしょう。個々人の動きを最適化するだけでなく、**チームや店舗を一つの単位として、その単位での動きを最適化させ、結果的に一人当たりの作業量を削減していく**。そうし

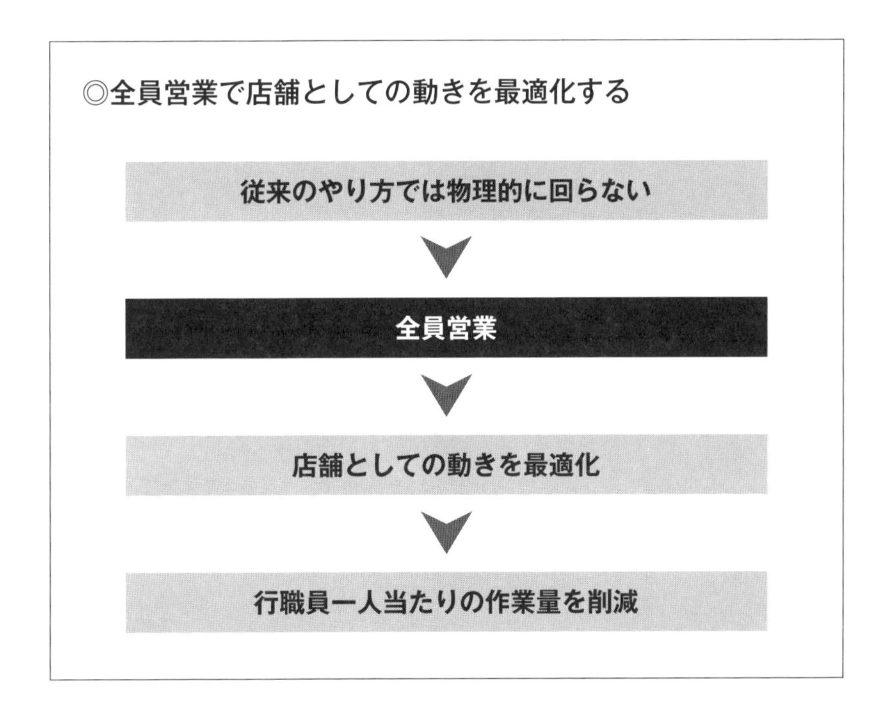

た対応が求められており、それこそがすなわち全員営業に他ならないのです。

◆3　異業種でも活発に展開される全員営業

当然ながら、全員営業は金融機関だけに求められているものでも、金融機関だけで実施されているものでもありません。

実際に、様々な業種の会社や団体で全員営業は実施され、創意工夫が図られています（Web上で検索すると、どちらかと言えば「中小企業で全員営業を実施するにはどうすればよいか」といったページが上位に表示されるようです。悩みはどこもあまり変わらないということでしょうか？）。

ここでは、異業種での全員営業ということで、誰にでも馴染み深いスーパーマーケットを例に取り上げます。次ページの図表は、スーパーマーケットの各部門で、どのように全員営業への参画・協力が行われているかをまとめたものです。

あくまで例示ですが、この図表にあるような取組みは、いずれも**「顧客に喜ばれることを通じて売上げにつなげる」活動**であることがご理解いただけるかと思います。

もっと言えば、「顧客の潜在ニーズに訴える」「販売中の商品やサービスなどに気付いてもらう」ための、主要担当業務以外の“プラスα”であることがお分かりいただけると思います。

最近は、コンビニエンスストアに行っても、レジなどで店員から「ただいま中華まんが蒸し上がりました」という告知や、「ご一緒にこちらもいかがですか」というおすすめをよく聞きます。大手ドラッグストアでは、「同じ成分・機能でこちらの方がお安くなっていますがいかがですか」と自社ブランドをアピールされることもあります。いずれも、売上げや利益を伸ばすための“ひと声”に他なりません。

異業種でこのような活動が当たり前のように実施されていることを考えれば、金融機関においても同様の活動が求められるのは当然とことと言えるでしょう。

競争に勝ち残るには、全員営業の実施を通じて、こうした例にあるような**“プラスα”の情報提供やアピールを行っていく**ことが求められます。**潜在ニーズを含めた顧客ニーズに応えていくのに、積極的な声掛けが有効であることは、異業種も金融機関も違いはない**のです。

こうした点からも、全員営業の必要性がご理解いただけるかと思います。

◎スーパーマーケットの全員営業の例

担当部門	（主要）担当業務	全員営業への参画・協力
売場補充・在庫管理	製品・食材等の補充・整列	補充等を行いつつ、近くを通りかかった来店客に挨拶・声掛けし、近くに配置された製品・食材等の“おすすめ”を行う
（精肉・鮮魚ほか）売り場	（試食等を含む）担当売場の製品・食材等の紹介・販売	レジへの待機者が一定数を超えた段階で、（放送・連絡に従って）“臨時レジ係”に就任
サービス・カウンター	包装、領収書・駐車券発行、苦情・要望受付、その他案内	顧客からの依頼・照会内容から連想される製品・食材の“おすすめ”を紹介・推奨し、配置場所等を案内
店内放送	（迷子・駐車場関係ほか）顧客呼出し、セール案内、（担当者呼出しほか）業務連絡、BGM	状況に応じ、「降雨・降雪発生時の（傘・カッパ・長靴など）関連商品・特設売場案内」「焼き立て・揚げ立て情報」「タイム・サービス情報」等を放送
駐車場・駐輪場	（事故防止のための）誘導・（盗難防止・駐車場所確保のための）整理	「お暑い中／お寒い中ご来店ありがとうございます」の声掛けと「今日は××がお買い得になっています」の紹介や、空いていて停めやすい時間・混雑予想の還元、駐車場への入場待ちの顧客に対する（運転者以外への）チラシ配布を実施

2 改めて確認すべき全員営業の理念・考え方

◆1　行職員全員に共通の理念・イメージを持たせる

全員営業とは文字どおり、その営業店に所属する行職員全員で、顧客に対して商品やサービスを紹介したりセールスをする取組みです。その一方で、法律や制度などで明文化された内容があるわけでも、社会通念上の概念が確立されているわけでもありません。このため、個々人の理解に委ねると、行職員によって「こういう活動（こそ）が全員営業だ」という解釈の違いがもたらされかねません。

だからと言って、**本部なり上席者なりから「全員営業とはこういうものだ」と押し付けたり縛り付けたりすれば、行職員に“やらされている感”をもたらし、視野や発想の広がりを抑制しかねず、活動を停滞させることになります**。

停滞現象の最たるものは、「言われたことだけ、それだけをやっておけばいい」という思考・行動です。そうなってしまっては、“全員営業”という言葉と実態が合致しなくなります。

その一方で、各自が独自の解釈をするばかりでも、相乗効果を小さくしかねません。したがって、**（パートや嘱託なども含む）自店の行職員全員に、最低限の共通した理念やイメージが合意・醸成されている状況が望まれます**。

◆2　全員営業の「誤ったイメージ」「正しいイメージ」

「全員営業」に対して持ちがちな「誤ったイメージ」の例と、本書で提案したい「正しいイメージ」を下記に簡単にまとめてみました。

◎金融機関（営業店）での全員営業とは？

×誤ったイメージ	▶ⓐ（渉外やテラーなど）担当者としてセールス活動を実施中の者は引き続きそれを継続し、ⓑそれ以外のセクションなどに配属されている行職員が（ⓐに加わる形で）セールス活動を追加展開する ▶行職員があらかじめ割り振られた（担当別の）役割分担に沿って粛々とセールス活動を遂行する
○正しいイメージ	▶顧客目線でⓐ商品・サービスの認知度、ⓑ個別・全体の満足度、を捉え、ⓐⓑ双方を向上させるための直接・間接行為をすべて“営業（活動）”に含める ▶現行担当業務への“営業”部分の追加ではなく、個々の行職員および課や店舗全体の単位で、活動全体の中身を入れ替えて“顧客目線に沿った最適化”を図る ▶個々の活動の集合ではなく、行職員がお互いに補完し合う中で「顧客をよってたかってもてなす」形に一体化させる

これまでも述べてきたとおり、全員営業は、直接のセールス活動だけではありません。したがって、視野の狭い渉外担当者などにままみられる「後方事務担当者は営業活動をやっていない」等の解釈は、そもそも誤りです。

金融商品やサービスの紹介・セールス・情報提供などは、顧客側に評価されて初めて実績に結びつきます。多くの金融機関が同一の顧客に「評価されたい」「選ばれたい」と希望し、競争している中では、必要十分な準備を行わない限り、評価されることはないでしょう。

有り体に言えば、ただ人数ばかりを投じて当てずっぽうに滅多やたらに声だけを掛け続けても、実績には繋がりません。そうではなく、**「顧客の属性を把握する」「顧客の目線でニーズを想定する」等の作業を分業することが必要であり、それも全員営業だと言えます**。

ただ、だからと言って、各自が「自分の持ち場を全うするのが仕事」と割り切って、自身の所属する部門や係の業務だけをこなしていても、顧客ニーズは捉え切れません。なぜなら、配属人員数は年間トータルの事務量と個々の対応能力を勘案して決定される一方で、繁閑は均一にもたらされないからです。

顧客は、常に自分のことを最優先で第一に取り扱ってほしいと願うものであり、ニーズ自体も常に変化し続けます。したがって、**店舗内外の顧客ニーズを総合的に捉え、優先順位を勘案しながら全員の配置や業務を柔軟に変化させ続けない限り、全体としての顧客満足度の底上げは図れません**。そうしたオペレーションも、全員営業そのものと言えるでしょう。

したがって営業店長には、こうしたイメージを部下行職員に適切に説明し、浸透させることで、「自身と集団全体の活動を最適化するよう自律自走させる」役割が求められます。

併せて、そうした活動が空回りしたり、だぶったり、誰か一人が浮いたりしないような体制を作っていくことも当然に求められます。限られた人員の無駄遣いは、最も避けなければならない事象です。そうした体制作りは、他ならぬ営業店長が主導しない限り機能化しない、と覚悟を決める必要があるでしょう。

言葉は適切でないかもしれませんが、全員営業というのは、顧客を

「よってたかってもてなす」ことだとも言えます。そのためには店の行職員全員が、顧客目線で、「顧客はどのようにもてなされたら喜ぶか・ありがたく思うか」を想像する必要があります。そうすれば、「あっちだ、こっちだ」と顧客をたらい回しすることなどできなくなるはずです。

言い換えれば、**顧客側が希望する行動を想定し、先んじて動けるようになることが求められる**のです。そういう動き方を、自店の行職員全員ができるようになること。それこそが全員営業であり、商品・サービスの購入・利用契約などの獲得実績は、その先にあります。

第2章

“全員営業”実現への考え方と「管理する側」の役割

1 管理職側に求められる基本姿勢と基礎対応

全員営業の成否のカギは、何と言っても当事者（＝つまりは営業店に所属する全員）の取組意欲の有無や強弱にあります。つまり、**やる気の大きさや強さ次第で、全員営業の成否は決まる**ということです。

ただ、この当事者の「やる気」こそが、全員営業を進めていくうえで、乗り越えることが最も難しいハードルでもあります。

営業店長や役席者は、「こういう時代なので、店のみんなも全員営業の必要性を理解し、やる気を持って取り組んでくれるだろう」と考えているかもしれませんが、現実はそう甘くありません。そもそも、黙っていても皆がそのように考えて動いてくれるのであれば、管理する側にわざわざ人を置く必要はありません。裏を返せば、任せても動いてくれない人がいるからこそ、管理する側にも費用や人を割かざるを得ないのです。

したがって**営業店長には、「部下は動いてくれない」ことを当初から想定範囲内と捉える視点も必要**です。

そもそも全員営業は、従来からの仕事にプラスして、他の部署の仕事についてもカバーするというものです。仕事の上乗せになるわけで、理解して動いてもらえるどころか、反発を買う可能性もあると言えます。

そうした中で、営業店長をはじめとする役席者に求められる基礎対応は、以下の基本手順に則ったものとなります。

◎全員営業実施の基本手順［イメージ］

① （割り当てられた）担当業務の費用対効果を最大限に引き上げるため、**営業手法（⇒手段や従事人数など）の見直し**を考案・実施

② 行職員に対して、全員営業の**必要性や重要性を継続的に喚起**

③ 顧客側の反応と全員営業の状況を対比し、人員や機器の活用余地を踏まえて「何から／どうやって」等の**手法の再見直しを実施**

実は、こうした過程の中で**業務への取組手法などを高度化し、生産性自体を引き上げられれば、全員営業だからと言って、行職員の作業量や勤務時間が必ずしも増大するわけではありません。**

ただ、理想形としては確かにそうなのですが、実際のところ、大部分の行職員にとっては、全員営業の実施や徹底が「実質的な業務（＝仕事）量の上乗せ」を招きます。業務への取組手法を見直して高度化することは、現行の手法を継続することよりもはるかに難しく、そうしたことが実施できる行職員ばかりではないためです。

現行手法の見直しには、ⓐ現行の手法にまつわる意思決定の背景・所要費用・新たな手法の導入時に必要となる諸準備を考察したうえで、ⓑ新たな手法を考案し、ⓒ意志決定権限者などに対する説得を行い、ⓓ稟議・決裁ほか手続上の要件を満たす必要があります。

率直に言って、これは簡単な仕事ではなく、労力すなわち人件費の投入も避けられません。その一方で、見直しに時間を要してしまえ

ば、その間に顧客を取り巻く環境が変遷してしまい、見直し自体が無意味になりかねないことにもなります。

繰り返しになりますが、そもそも（全員営業以外の取組みも含め）自律自走ができる行職員ばかりではないからこそ、営業店長ほか“管理する側”の行職員が配置されているわけです。このため、営業店長ほか管理職側がいざ全員営業を実施したり徹底を図ろうとする中では、当然のように拒まれたり嫌がられたりします。

営業店長としては、**行職員のこうした“そもそもの能力”に起因する問題についても認識しておく必要がある**でしょう。

別の視点では、金融機関ならではの特性にも留意が求められます。金融機関には、同じ程度の人数を雇用する他の業種と比べて、相対的に組織が大きい（＝部店の数自体が多く、一つひとつの部店を構成する人数が少ない）という特徴がみられます。

さらに、営業店と本部の間で業務内容に大きな違いがあるほか、最近の金融機関業務の高度化・広域化を背景として、営業店内でも担当の専門分化が進んでいる傾向がみられます。詳しくは後述しますが、実際に、融資窓口担当者などに担当期間の長期化がみられます。これとは別に、保険会社出身者などを経験者採用の形で年金保険担当者に配属することも珍しくありません。さらに、大手金融機関では、預かり資産担当者に（金融持ち株会社にぶら下がった）グループ内証券会社からの出向者を充当する事象もみられます。

こうした専門特化が進む中で、いきおい、「全体最適よりも部分最適の視野・発想が持ち込まれやすい」「経験していないことを理由に『知らないのでできない』と言い訳をしやすい」環境にあると言えるでしょう。

これらを踏まえれば、営業店長ほか管理職側には、**部下行職員が「思わずうなずく」もしくは「本音では嫌だが理屈の上では同意せざるを得ない」説得力をもって、全員営業の必要性を説明する必要があります**。

この説明の巧拙こそが、管理する側の“腕の見せどころ”となるでしょう。

❷ 行職員への説明・説得時の留意事項

では、自店の部下行職員に全員営業の必要性を理解させ、積極的に取り組んでもらえるようにするには、どのような説明をしたらいいのでしょうか。ポイントになる点をいくつか挙げておきましょう。

①外部環境のせいにしない

「なぜ全員営業が必要になるのか」の説明にあたって往々にして見られるのが、以下のような理由を挙げることです。しかしこれらは、逆効果を生みかねない、禁句とも言える理由付けです。

◎全員営業を実施する理由としてよく挙げられる話

ⓐ「金融機関を取り巻く経営環境が厳しくなったので…」
ⓑ「マイナス金利が導入されて収益が下振れしたので…」
ⓒ「本部からやるように言われているので…」

実はすべて禁句！　逆効果を生むことに！！

こうした物言いを聞かされた行職員の側には、以下のような心情、つまりは不満ばかりが沸き起こります。

▶「こっちは無関係なのに、いい迷惑だ」
▶「何で、こっちがとばっちりを受けないといけないんだ」
▶「元はと言えば“本部の偉い連中”が立てた作戦やフォロ一のミスなんだから、ミスしたほうでカバーしろよ」

結局のところ、部下行職員に対し、“(嫌々)やらされている感”だけを与えることになるわけです。これでは、成果も自ずと芳しくなくなるでしょう。

実際のところ、営業店長の中には、自分が“悪者”になりたくないばかりに「本当はこういうことは言いたくないのだが、本部からの指示で…」などと、自分の意志ではないような説明をする人もいます。しかしながら、こうした**当事者意識を欠いた責任逃れの発言は、かえって行職員の反発を買い、あっという間に反作用の力が働くことになります**。

そもそも、管理(マネジメント)の目的は成果の最大化です。それゆえ営業店長には、「成果を最大化するためにはどんな手法が最適か」を考案・選択する役割が求められており、全員営業もその選択肢の一つなのです。

よって成果を上げるためには、ときに“悪者”になって嫌われる覚悟も必要です。そうした覚悟や気概を持つことも、営業店長に求められる要件の一つに含まれると受け止める必要もあるでしょう。

大事なのは、**他者や環境のせいにするのでなく、全員営業の必要性について、自身の理解に基づく自分の言葉で、行職員に対する説明を行う**ことです。

具体的な内容としては、以下の②~④のようなポイントで説明を行うとよいでしょう。

当事者意識を欠いた責任逃れの発言は、部下の反発を買うだけ

②「絶好のチャンス」であることを伝える

金融機関を取り巻く環境は厳しさを増す一方だというのが、現在の多くのマスコミの論調です。ですから、「絶好のチャンス」などと言われてもピンとこない人がほとんどかもしれません。

けれども、営業店長の皆さんには、一度立ち止まって考えていただきたいのです。現在の金融機関が置かれた環境は、どのようなものでしょうか。たしかにマスコミの論調は、「金融機関を取り巻く環境は厳しさを増し、絶望的な状況下にある」などの悲観的なものが少なくありません。世間が金融機関に対して抱いている印象も、こうした論調に影響を受けている面があるでしょう。しかしながら、筆者は決してそうばかりではないと考えています。

わが国にもいよいよ人口減少社会が到来し、さらに、少子高齢化に伴う経済の成熟化もみられます。これらは、金融取引の全体量を押し下げる要因に該当するでしょう。しかしながら、そうした動向は、金融機関にだけ負の影響をもたらすわけではありません。顧客全体の属性が変化し続けているわけですので、このことはむしろ、あらゆる商品・サービスの提供者に対して、現在の提供内容を見直す圧力となっていると捉えるべきだと思います。

また別の視点では、インターネットに代表される情報・通信技術（ICT）の飛躍的な発展が、フィンテックとして金融機関に否応なしの影響を与え始めています。その水準は、“激震”と言えるほどのものでしょう。

ごく一例に過ぎませんが、それまで全く縁がなかった遠隔地の金融機関が提供する商品・サービスが、物理的に移動せずとも簡単に利用できるようになりました。情報・通信技術によって、実際の距離が実質的に縮まり、比較や検討が可能になったのです。

そうなれば、競争への参入者も自ずと増加します。実店舗を持たないインターネット専業銀行など、すでに新たな形態の参入者も現れ始めています。以前に比べ、間違いなく「競争が激しくなった時代」「顧客の眼がより肥えてきた時代」になったと言えるでしょう。

ただその一方で、そういう時代だからこそ、チャンスも拡大するのではないでしょうか。前例や先入観に縛られず、商品・サービスを提供する側の創意工夫をそのまま（フラット）に・中立的（ニュートラル）に評価する層が現れてくるからです。

こう考えると、**創意工夫により全員営業を行うといった取組みは、以前に比べてずっと顧客側に受け入れられやすく、評価されやすくなった**と考えられるのではないでしょうか。

インターネット専業銀行やフィンテック企業など、最近になって競争に参入した金融業界の新しいプレーヤーには、情報・通信事業者や流通事業者など、様々な資本的背景がみられます。参入には相応の投資が必要となるため、市場の拡大なり採算性なりが見込めなければ株主を説得することはできず、こうした動きがもたらされることもないでしょう。つまるところ、これら新規参入者の登場は、“チャンスが広がっている時代”を逆説的に証明していると考えられるのです。

各種の顧客ニーズに応えるチャンスは、こうした新規参入者に限って与えられているわけではありません。既存の金融機関による創意工夫についても、顧客側に評価・歓迎される余地が当然にあります。むしろ、多数の既存顧客・顧客基盤を持つ分だけ、セールス活動を有利に展開できる面も少なくありません。全員営業は、まさにそうしたチャンスをつかみ、活用していくための取組みという捉え方もできるのです。

それゆえ「いまがチャンスのとき」であることを理解させ、そうした時代の中で**「どのような顧客に、どのように全員営業を展開することが有効か」を考えさせ、具体的に行動させる**よう誘導してみてはどうでしょうか。

③営業行為の重要性を伝える

まずは、金融機関に限定せず、ごく一般的な話として捉えてください。誰しも、報酬はできるだけたくさんもらいたいですし、勤務先が倒産する憂き目に遭って困りたいとは思いません。このため、多くの会社や団体で、「事業を大きくして知名度を上げたい」「商売を軌道に乗せて安定させたい」といった希望に沿って仕事がなされていることでしょう。

実際にこうした希望を叶えるには、様々なハードルを乗り越える必要があります。設備や人を充実させる必要があるかもしれませんし、運を味方に付ける必要があるかもしれません。

その一方で、神頼みだけで、事業が軌道に乗ることもありません。絶対にやらなければならない、避けて通れないこともあります。その一つが、一定の売上げの確保です。いくら立派な理念や考え方に基づく活動であっても、経済的な裏付けがなければ、活動は行き詰まってしまいます。経営者の多くが、「きれいごとだけでは食えない」と言う理由も、ここにあります。

会社や団体が行き詰まれば、経営者だけでなく、勤務者も困りますので、そうした意味では運命共同体的な関係にあります。会社を大きくするためだけではなく、現在の活動を続けていくためにも、一定の売上げ確保が求められるのです。

それは、「一般の事業者以上に公共性が高い」「社会基盤の一つである金融システムの担い手である」と言われている金融機関も、例外ではありません。売上げが確保できなければ存続し続けられないことは、金融機関も何ら変わりはないのです。

全員営業では、“事務職”等の名称が付けられた職種に属している行職員に対しても、営業活動への参画を求めることになります。これに対し、「顧客に声を掛けるなんて嫌だ」「そういうのがないと思ってこの仕事に就いた」という本音を持っている人も少なくありません。

ただ、当然のことながら、こうした人たちの理屈（？）が通り、営業行為をしなくてよい、という結論にはなりません。最適な参加・協力の形を検討・模索する必要はありますが、こうした人たちにも、例外なく営業行為が求められるのが全員営業なのです。

無形の金融商品・サービスは、本質的によそでも完全な機能代替が可能であり、それゆえに激しい競争がもたらされます。そうした中で生き残っていくためには、まずもって**行職員全員に「他の業種以上に営業行為が必要である」という意識を持たせる**必要があるでしょう。

④全員営業に取り組むことで、個々の行職員にプラスの効果がもたらされることを話す

きれいごとを抜きに言えば、行職員の全員営業への取組意欲を引き

上げるには、一人ひとりに「より直接的な実施メリットを伝える」ことも有効です。理念も非常に大事ですが、実利を意識してもらうことで、分かりやすく活動を促すわけです。

オートメーション化された大手製造業者の生産ラインとは異なり、金融機関での実務は、今なお“人の手”を介して行なわれる部分を非常に多く残しています。実務者であれば、忙しいときに、手分けして「せ〜の！」で業務を捌いている様子をよくご存知でしょう。

このため、個々人の「現実にできる・やれる水準」によって、早さや精度など、顧客への提供サービスの質にも大きな違いがもたらされます。本書では、この「現実にできる・やれる水準」を“発揮能力”と称します（詳しくは、後ほど改めて説明します）。

発揮能力の高低は、顧客との取引に伴う事務処理（店舗内で言えば後方事務担当者の業務イメージ）だけでなく、商品のセールスや、トラブル処理などにも当然に及びます。言い換えれば、対象は実務全般です。結果として、「あいつは・あの人はできる」と言われる人が高い発揮能力を保有している、と考えてください。

こうした発揮能力は、様々な業務に向き合う中で、各種の試行錯誤や創意工夫を積み重ねて、初めて実務に耐え得る水準に到達します。それは、金融実務も異業種も変わりません。

テニスが上手くなりたければ、フォームや立ち位置に関する知識を持つだけでなく、実際にラケットを握ってボールを打つしかありません。路面電車の運転が巧みになりたければ、基本操作を覚えるだけでなく、乗降客数や天候や交差道路の混雑を踏まえて、各種の微調整を図っていく必要があるでしょう。大手予備校で人気講師になろうと思えば、入試問題の出題傾向を分析・考察するだけでなく、生徒に説明・指導する際の言い方・伝え方などの創意工夫も欠かせません。

そう考えれば、発揮能力は業種を問わず、実務の中で顧客ニーズに応えていく過程を経ない限り修得・向上できないということが理解できるでしょう。

これらを踏まえれば、**全員営業を行職員に対する「業務の実施・経験機会」とし、有効なOJT機会にできれば、関係当事者すべてに正の循環・相乗効果が期待できる**ことになります。次のようなイメージです。

◎全員営業の有効化のために[イメージ]

① 行職員の全員営業参画それ自体がOJT機会となる

② 行職員の発揮能力が向上し、顧客へのサービス水準が高まる

③ 顧客満足度が向上し、取引が拡大・深耕することで金融機関に収益をもたらす
その一部が行職員にも給与・賞与の形でもたらされる

④ 各行職員の能力の高まり
獲得収益ほか全体としての成果・余裕 } の双方
──によって全員営業(手法/オペレーション)の選択余地が広がる

(④から①へ:循環)

上記①～④が速やかに回転し続ける形となれば、顧客・行職員・金融機関のすべてに現実的なメリットがもたらされるはずです。

したがって、**「全員営業への参画が能力開発機会になる」「うまく機**

能させられれば金融機関としてのメリットだけでなく、各自に直接的なメリットがある」ことが行職員に腹落ちすれば、それが全員営業に取り組む動機となります。

その際には、通り一遍の決まり文句だけをもって紋切型に接するだけでなく、ⓐ今後も変化が否応無しにもたらされるため、生き残りを図っていく中では自己変容が求められ続けていくこと、ⓑ変容は誰にでもできるわけではなく、その前提として"足腰の強さ"や"基礎体力"が必要であり、そうしたものを身に付けるためには様々な実務知識の修得や拡充が不可欠であること、などを言い添えることも効果的でしょう。

丁寧で分かりやすい解説が、部下行職員の全員営業への抵抗をなくし、それに参画する意欲をもたらすことになると考えます。

3 営業店長の役割は「動機づけ」と「全体最適化」

全員営業に限ったことではありませんが、営業店長に求められる根源的役割は、「動機づけ」と「全体最適化」という２点に収斂されます。

◆1　「動機づけ」の実施

仕事に必要な発揮能力は、知識と意欲にベクトル分解することが可能です。

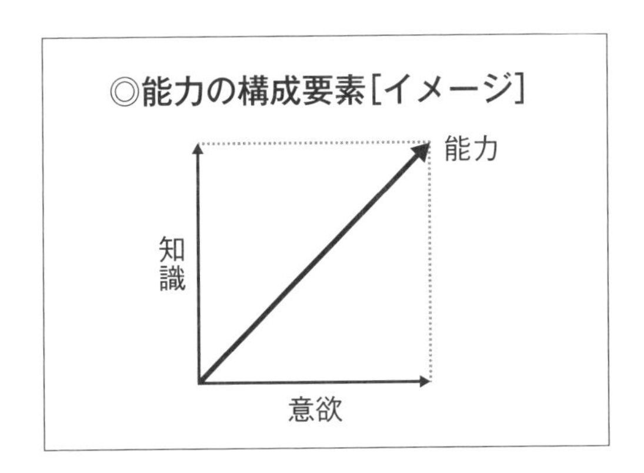

仕事に関係する知識を豊富に保有し活用できるほうが、そうでない場合よりも、能力全体を高めます。意欲についても、強かったり高かったりしたほうが、そうでない場合よりも能力全体を高めます。

本書の主題である全員営業については、これら２要素のうち、特に後者の意欲が与える影響が大きいと言えるでしょう。

就業の動機は人の数だけありますが、どのような目的やきっかけであれ、意欲の有無や大小がもたらす影響は極めて大きいのが実態です。

このため営業店長側には、意欲の源泉となる動機を部下行職員に与える役割が求められます。この際のポイントを以下に示します。

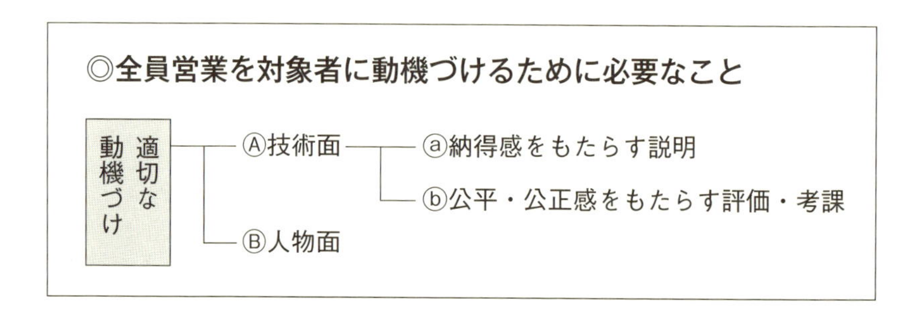

つまるところ、意欲を掻き立てるための動機付けを行おうとすれば、Ⓐ技術面、Ⓑ人物面、の双方に留意する必要があるのです。

①動機づけのための技術

上記の図表にイメージとして示したとおり、**ⓐ聞いた側が納得感を得られる説明、ⓑされた側が公平・公正感を抱く評価・効果**、が、動機づけのための技術面での二本柱となります。

ⓐについては、全員営業について言えば、次の２点を満たす内容が必要です。

- 全員営業が、なぜ必要となるのか
- 誰に、どの係に、どんな役割や内容を求めているのかこれらについて、必要十分な時間を割いた上で、（“やる側”である）行職員の目線に立って説明し、質問や意見も聴き尽くす対応が求められます。

加えて、後者ⓑで示したとおり、行職員側が「全員営業への参画や成果が十分に反映された」と認識できる形で、評価・考課を実施することも肝要です。実施時には、下表にあるような着眼点に留意することも一案となります。

◎公平・公正感をもたらす評価・考課のための工夫[例]

切り口	具体的内容
数値化と事前合意	期待値の数値化など具体化を図るとともに、結果に応じた評点等をあらかじめ合意しておく [数値化の対象（例）] ☑ 対象商品・サービス ☑ （声掛けなどの）対象人数 ☑ 目標（獲得値） ☑ 従事日数・協力回数 ☑ 他者への指導・関与
資格・職位・担当業務等に応じた調整	「資格・職位が高い＝その分だけ期待値も高まる」という原理原則や、担当業務・経験年数に沿った調整により「自分だけでなく他者にも同様の要求がなされている」環境を構築する

動機づけのためには、日常活動の振返り（フィードバック）機会の充実にも留意が必要です。すなわち、「期初の目標設定面談」「期末の評価・考課結果還元」など、内部ルールで定められた（最低限の）実

施にとどまらない面談・話合いの機会を、上乗せして持つことです。

こうした振返り時には、⑴周辺環境の変化や能力開発の進捗実態に沿った活動内容・目標などの修正を行うとともに、⑵全員営業活動をさらに充実させるように内容を随時変更し続けることが有効です。

こうした調整対応は、全員営業以外の分野でも当然に行うべきものです。裏返せば、「やって当然」の対応ゆえに、全員営業をことさら意識する必要もないかもしれません。

②「動機づけできる」だけの営業店長像

“面従腹背”の言葉もあるとおり、表面上は分かった顔をしていても、その行職員が本当に説明に同意しているとは限りません。心から同意しない限り納得感は得られませんし、説明・説得内容がそのまま業務への取組動機とはなりません。理解だけでなく納得をもたらすためには、「誰から・どんな人から言われたのか」も非常に大きな要素になります。

したがって、全員営業の機能化のためにも、営業店長自身の人間性が否応なしに問われることとなります。人望が厚ければ「あの人のためにも」という心情が自ずと働きますし、なければ、「なんであんな人に言われなければならないのか」と逆に作用するからです。

言い方を換えれば、人間は機械ではないため、規則や理屈だけでは、保有する能力を最大限発揮してくれるとは限りません。「こうあるべき」とルールばかりを作っても、“やる人”の気持ちが離れれば「仏作って魂入れず」の状態となるからです。

よって営業店長には、いわゆる“率先垂範”だけでなく、**“数字”ほか自身の現在進行形の獲得実績についても、第三者にたやすく理解できるように示す工夫も求められます**。全員営業の実施・貢献面でも、「襟を正す」姿勢と結果が当然に問われるのです。

◆2 「最適化のための調整」の実施

実際のところ、営業店の実務では、大量の事務を正確・迅速に処理する対応が求められます。しかも、新規顧客や新規取組を大きく上回る「既存顧客との仕掛かり業務・事務」に追われるのが実態です。

住宅ローンをはじめ、金融機関の取扱商品には、長期にわたって金融機能を提供するものも珍しくありません。そうした一つひとつが、厳格な契約書に沿って商品提供されていますので、こちらの都合だけで「ある日突然に全部を清算する」というわけにはいかないのです。

こうした背景の下で、各実務者が、前担当者から引き継いだ大量の業務に流され、「とにかくこなす」ことに躍起になっているのが多くの営業店の実態ではないでしょうか。全員営業の必要性を理解し、気持ちの上では「ぜひ取り組もう」と思っても、「それ以前にやらなければならないこと」に追われて、やろうにもできない袋小路に陥ってしまうことは珍しくありません。

言い換えれば、連日大量の事務処理に向き合わざるを得ない実務者は、その場その場で求められる面前の顧客対応などに追われ、どうしても視野や発想が狭くなりがちです。顧客に急かされたそれまでの記憶が、焦燥感をもたらすこともあるでしょう。

こうした事象は、全員営業の導入時だけでなく、その後もずっと続くものとして留意が求められます。

このため**営業店長には、現状にただ引きずられる・流されるばかりでなく、全体の最適化を図る具体的な調整策を、ときに強いリーダーシップを発揮してでも実施する役割が日常的に求められます**。全員営業も、こうした活動の中に含まれるため、実際に実現できるだけの環境整備が求められると言えるでしょう。

業務を最適化するためには、基本に則って個々を改善すること以外にありません。この際の留意点を簡単に述べます。

①正確な実態把握

全員営業の体制を最適化させるためには、**最初に「(現状では)どのような行動がなされているか」をよくよく把握する必要があります**。この際には、表面的な実施内容だけにとどまらず、掘り下げて内側を凝視し、課題把握・原因究明を行うことも当然に求められます。

こうした作業量自体がそれなりの分量に達し、厄介でもあります。裏を返せば、実態把握に先立って作業量を見積もり、営業店長が「体を空けて」対応することも必要となるでしょう。

実態把握が必要となる対象やその方法については、改めて第4章で詳述します。

②最適化実現のための条件整備

他の業務に対するのと同様に、実施後の全員営業の改善についても、“打ち出の小槌”があるわけではありません。すなわち、地味な作業をこつこつと積み上げ、最適化のための条件整備を進めていく、それ以外に道はないのです。

このような「全員営業を最適化させる3つの条件整備」を次のページに例示しました。

実際に行う全員営業の活動は、顧客への商品・サービスの紹介やセールスが中心になりますので、このような条件整備の巧拙や水準が、売上の多寡に当然に影響を与えます。このため営業店長にあっては、図表の1に挙げた**個々人の技術の引上げ**に加えて、2・3による**集団(チーム)としての紹介・セールス体制および職場環境の整備**が求められます。

例えば“売る力”すなわち「買い手の心に響く声の掛け方」「喜ば

◎全員営業を最適化するための条件整備 [例]

主題	基本的な考え方[上段] ／実施策[下段]
1. 集団・個人の（発揮）能力向上のための指導・育成機会の提供	個々の能力を伸ばせば、全員営業の水準自体を引き上げるだけでなく、取り得る選択肢も広がる ▶「商品・サービス内容の詳細理解」「声掛けほか紹介・セールス時の有効策の共有」のための「テキスト・参考資料の紹介」「ロール・プレイングなどによる内部訓練・研修の実施」 ▶能力開発目標の設定と他の行職員への内容・進捗状況の公開
2. 商機・“書入れどき”を逸失しないための準備・調整	“売れる機会”はいつも等しく同じではないため、「ここぞ」の機会の設定やその機会への集中も有効となる ▶キャンペーンやフェアなど、セール（販売促進）の日程・時間の決定に併せた事前告知・（配置変更を含む）当日配置場所および主担当・苦情対応役・面談後補完役・応対に困った際の相談相手などの役割決定 ▶行職員各々の商品・サービスの理解・習熟度合および不安事項の確認 ▶接客への集中のための店内検査・再鑑・綴込製本等の事前実施、もしくは（該当日程・時間に対応しないことによる）先送り ▶「注意を要する顧客とその理由・背景」等の共有 ▶パンフレット・ノベルティの数量・配置場所の確認や補充など「担当は自身ではない／誰かがやるのでは」と捉えがちな業務の抽出・実施
3. 集団としての発揮能力を最大化させるための職場環境の整備	職場環境が全員営業の成果に与える影響は極めて大きいため、「働きやすい職場」「良好な人間関係」の形成に配慮・注力する ▶有効化策実施のための（改善）意見募集と公開・協議機会の設定 ▶行職員が互いを知るための「昨日・昨夜こんなことがありました」の“ひとことスピーチ”や、「食べる顔ぶれ」を変えるための昼食（組合せ）ローテーションの実施 ▶協力に対する“感謝の声”の相互声掛け実施

れる助言」などを個人・集団双方で修得できれば、その分だけ商品やサービスが売れるようになるはずです。裏を返せば、売るチャンスをみすみす見逃がすことのないようにカバーし合うことも肝要です。

必死に取り組む中で、結果として顧客にピントのズレた説明を行ったり、長時間待たせることになれば、あっと言う間に顧客の不満や怒りにつながります。そうした状況に気付いた時には、「頑張っているから」とただ温かく見守るだけでなく、ときには途中で遮ったり強制的に応対者を交代させることも必要となるでしょう。

図表の3に挙げた職場環境の整備について言えば、事務処理やコンピュータ・システムの保守管理の担当者が細分化された金融機関では“協働”が欠かせないことを忘れてはなりません。したがって、そうした体制の中で全員営業を行うことにも留意が必要です。

協働の促進・高度化には技術的なものだけでなく、互いに“人となり”を理解し合うことが有効です。したがって、**「互いに理解し合う」「仲良くなる」ことを目的とした話合い機会をできるだけローコストに設定・実施**する視点が求められます。

例えば、そのものズバリ「もっと全員営業できると思うところ」を主題として話し合うことも考えられます。その場合には、事前告知によって前もって考えてきてもらい、起立状態のまま行うなど、あまり時間をかけ過ぎないような工夫も必要です。

◆3 「最適化のための管理」の視点に沿った思考

全員営業は実施して当然の行動であるため、営業店長としては、それを特別視する必要はありません。ただ、その一方で、個々人の活動領域が広域化することに伴って、よりキメ細やかな管理が求められることにもなります。

全員営業を実施する以上、人事考課などにも活動結果を反映させる必要があります。部下・被管理者への説明・還元を踏まえれば、当然ながら**本来の担当業務とその他の業務の二頭立てで整理する**必要があります（下の図表参照）。

目先の事務対応等に追われる担当役席者は、どうしても近視眼的な思考に陥るため、それをいかに広げるかが問われていると認識してください。

◎全員営業実施時に求められる役席者の目線

▶担当者である彼（彼女）の主担当業務は××

⇒担当業務についてのⓐ寄与・貢献度合、ⓑ取組意欲、ⓒ自己啓発ほか能力開発状況はどうか？

担当役席者の目線

▶全員営業の実施対象は全業務

⇒他の業務についてのⓐ協調性に沿った直接・間接の貢献度合、ⓑ全体最適の下での視野・発想の実態、ⓒ知的好奇心はどうか？

営業店長の目線（二頭立て）

近視眼的になりがちな担当役席者の目線をいかに広げるかが問われる

営業店長自身が部下行職員全員を常に注視し続けることはできませんので、全員営業を含め、日常の管理は担当役席者に委ねざるを得ません。よって、担当役席者の意識醸成・覚醒も図り続ける必要があります。

一案としては、「どうすれば全員営業が今以上にもっと機能化するか」について、係や部店をまたいで具体的意見を提案し合う機会を持つことが有効となるでしょう。

上席者の提案活動が見本となり、相対的に職位の低い行職員の間に行動が伝播することが理想的です。特に全員営業の実施当初は、営業店長自身がこうした提案を具体的に分かりやすく行うことを意識する必要もあるでしょう。

なお、本章で取り上げた「動機づけ」や「環境整備」については、第４章でも改めて詳しく解説します。

第3章

“全員営業”実現のための体制づくり

1 各係に共通する体制づくりのポイント

全員営業は文字どおり、営業店を構成する全員で行うものです。それを成果の上がるものとするためには、行職員一人ひとりが活動しやすく、かつ営業店全体としても機能する組織体制を構築する必要があります。

本章では、そのための具体的なポイントを各係・各担当別に述べていきますが、まずはその前に、すべての係・担当に共通して言えるポイントを２点挙げておきたいと思います。

◆1　業務全体の再考・再構築を

第１章で述べたような全員営業の目的を達成するには、営業店全体の生産性を高めながら、それに取り組む必要があります。**全員営業の実施によって総体としての事務量が多くなり、時間外勤務が増えてしまうようでは本末転倒と言わざるを得ません**。また、全員営業の実施が行職員の過負担にならないよう、メンタル面も含めて、一人ひとりの健康管理にも注意・配慮が求められます。

全員営業による「売上げや収益の増進」と、「時間外勤務などの抑制」との両立を図ろうと思えば、既往業務に全員営業分の活動を追加・上乗せするという施策はありえません。そうではなく、**全員営業の実施を契機に、それと並行して既往業務の棚卸しを実施し、業務全**

体を再考・再構築する視点で臨む必要があります。

読者の皆さんもよくご存知のとおり、金融機関の行職員は総じて保守的であり、今あるものを「やめる」あるいは「捨てる」ことには躊躇しがちで、対応を先送りしたがります。

しかしながら、経営資源つまりは人手や掛けられる費用が有限である以上、常に業務上の取捨選択が迫られ続けていることを認識する必要があるでしょう。前例踏襲や、“理由なき聖域”の設定は、いたずらに生産性を引き下げることを改めて意識する必要があります。

したがって、**何のために行っているのかその理由が分からないまま、もしくは明確な理由がないまま実施している業務があれば、それをまず廃止する**ことが肝要です。そうした廃止を促し、指示することが営業店長には求められていると理解してください。

と言うのも、廃止対象業務を具体的に提案しても、すぐに同意して実行に移してもらえることはほとんどないからです。「特段問題がないようなので」「大した事務量ではないから」と、そのまま継続の意向を示されることばかりです。

◎「業務の棚卸し」によって実施すること

①実施中の施策から効果・必要性・掛かっている費用などを踏まえて優先順位を設定

②後順位の業務を具体的に廃止

⇒“やめる業務”を抽出・決定する

繰り返しになりますが、不要な業務を積み上げていけば、その分だけ全員営業の実施余地はなくなります。このため営業店長にあっては、「周囲はソフトで頑固な抵抗勢力ばかり」と警戒してかかる視点も必要になるでしょう。

◆2　セクショナリズム禁止を徹底する

誤解を恐れずに言えば、**全員営業の成否は、行職員のセクショナリズムをなくせるかどうかにかかっています**。よってこれは、営業店長が最も注視しなければならない事項と言えます。

セクショナリズムをなくす具体的な手法は、第５章③（186ページ）で詳しく述べますが、まずは、営業店内で以下のような発言が聞かれることがないか注意してください。こうした発言は、セクショナリズムの表れと言えます。

◎「セクショナリズム」の表れを示す発言例

▼「それはウチ（の係・所管業務）じゃない」

▼「（その商品・サービス・業務の）担当ではないので分からない」

▼「そっちのお客とは違うんだ」「こっちの事情・こっちの気持ちは分からないと思うけど」

▼「そっちは余裕があるじゃないか」「もっとそっちでやれるじゃないか」

内部の話合いにおいてこうした発言が出た場合には、即座に指導を行うとともに、顧客に対してこうした発言を行った行職員には、ペナルティを課すことを考えていいかもしれません。

顧客は、特定の担当者とではなく、法人としての金融機関（全体）と取引を行っています。すべての顧客は、その金融機関に勤務するすべての行員・職員の顧客なのです。

「ウチの顧客じゃない」という思考・行動は論理的に成り立たないことを、行職員全員に周知徹底する必要があります。

セクショナリズムの表れた発言が出たときには、厳しく指導を

2 融資窓口における全員営業への取組ポイント

◆1　融資係に特に注意が求められる事項

融資窓口の担当者は、一般に担当期間が長くなる傾向にあります。相対的に負担が大きい上に、法制の改正などで年々複雑化していく融資業務に対して、長期間の経験を積ませることで実践的な知識を深化させていくというOJTを行う金融機関が多いためです。

店舗や部店を跨いだ人事異動の対象となって異動した場合にも、配属権限者に「慣れているから安心」「これまでの経験を活用し、さらに能力を伸長してほしい」という意向が働きがちです。こうした結果、部店を跨いで再び融資窓口（係）に継続配置されることが珍しくありません。

これらに伴って、融資に詳しくなる一方で、その他の業務に疎くなって、全体としての視野が狭まる弊害がままみられます。個々人によって程度の差はあるものの、人間が置かれた環境から受ける影響は小さくありません。

こうした**「配属期間の長期化に伴う視野の狭まり」は、全員営業を実施していくうえで大きな障害となります**。

また、「視野の狭まり」の一つの表れでもありますが、「ウチの店の“稼ぎ頭”は融資窓口」「われわれ融資係は、難解な業務をこなして皆を助けてやっている」等の**慢心や特権意識がまま見られるのも融資係**

の特徴と言えます。

特に問題なのは、このような**誤った特権意識が、融資以外の顧客の軽視につながりかねない**ことです。筆者自身が顧客の立場で様々な金融機関の営業店を訪問した際にも、顧客に顔と視線を向けないまま小さな声で挨拶を行う、もしくは挨拶自体を行わない融資窓口担当者は珍しくありません。あるいは、有人（テラー）窓口やロビーがどれほど混雑しようとも、顧客から見えるところで悠々とマイペースで雑談に興じる融資窓口担当者もままみられました。

顧客は黙して語らぬだけで、こうした行動を見逃がさず、不満要因として記憶した上で満足度を着実に引き下げています。

また、こうした特権意識が、全員営業の妨げになることも言うまでもないことでしょう。営業店長においては、「当店の融資係にはそういった行職員はみられない」と根拠のない自信（慢心？）を持つのでなく、今一度の検証が望まれます。営業店長や次長の見ていないところで、振舞いを大きく変える行職員は珍しくありません。

全員営業を実施する際には、融資係については特に、以上のような観点からの目配りが必要と考えられます。

◆2　融資係による「他の係への協力」のポイント

ここからは、融資窓口における全員営業への取組方法について具体的に考えていくことにしましょう。

①顧客への声掛け

「来店した顧客にどのように接客を行っているか」の観点から、融資窓口の特徴と、そこから考えられる「他係への協力のポイント」をまとめると次のようになります。

◎融資窓口の特徴と他係への協力のポイント

ⓐテラー（＝一般有人窓口）に比べ、応対を要する来店顧客の絶対数が大幅に少ない［テラーにはＥＱを設定していても融資窓口には設定していない店舗は珍しくない］
ⓑテラーの応対顧客に比べ、圧倒的に一見客が少なく「比較的来店予測が立てやすい」「来店顧客の顔を見ただけで要件の察しがつく」傾向がある
ⓒテラーへの来店顧客が集中する繁忙時期と、融資窓口への来店顧客が集中する繁忙時期は、必ずしも同一ではない

テラー繁忙時等に㋐「ロビーで待つ顧客への注視」や㋑「待ち時間を活用した声掛け」、つまりは“臨時ロビーマン”対応も可能に！

このうち下の網掛けの中の「待ち時間を活用した声掛け」については、融資係自身が得意とするローン関係の商品やサービスについてのパンフレット配布がすぐに思い浮かぶことでしょう。そうした活動も確かに重要であり、ぜひ積極的に実施すべきです。

ですが、せっかく全員営業を実施するのであれば、融資やローン商品に限るのはもったいないと思わざるを得ません。というのも、**顧客のニーズを考え、提案によってそれを喚起させるような個別対応を図っていったほうが、相対的により大きい成果の獲得を期待できる**からです。いわゆる**“課題解決型”の声掛け**です。

例えば、繁忙日にロビーで長時間の待機を余儀なくされている顧客への声掛けであれば、大半の顧客の意向は「少しでも早く事務処理を終えてほしい」ということでしょう。そうであれば、「(来店自体は歓

迎することですが）今後、今日のようにお待ちいただかなくても済む対応」を紹介することが効果的と考えられます。具体的には、以下のような商品・サービスを紹介する声掛けを行うことが有効となるでしょう。

◎繁忙日にロビーで待つ顧客に対する声掛けの切り口

着眼点	紹介・推奨するサービス等
手続き自体の自動化	公共料金の窓口での支払等を希望する顧客に対する口座振替など
窓口応対時間外の対応	振込等を希望する顧客に対する（携帯電話やスマートフォン利用を含む）インターネットバンキング取引など
繁忙日・時間を避けた対応	定時・大口現金入金を希望する顧客に対する無鑑査集金など
繁忙実態に合わせた訪問日時調整	繁忙日時・時間予想の提供と日差・時差来店の推奨など（繁忙日を示したミニカレンダーの配布など）

また、**融資関係の商品・サービスを利用するために融資窓口に訪れた顧客との面談時や、与信中の顧客先への訪問面談時に、他の係が推進中の商品・サービスの紹介・セールスを行う**ことも、融資係が行うべき全員営業として当然考えられます。

この際には、**与信先に対する優越的地位の濫用に抵触することのないよう線引きを行い、適切な営業活動を行うよう留意しなければなりません**が、だからと言って、そのことを「与信先への営業は面倒なのでやらない」等の理由にしてはなりません。あくまでも、適法・適切な範囲内で商品紹介・セールスを積極的に実施するよう指導する必要があります。

②オペレーションへの協力

融資担当者の全員営業への協力は、①で述べたような顧客への声掛けにとどまりません。例えば、**比較的作業分担が容易な後方事務担当者の端末処理（オペレーション）などを融資係が請け負えれば、繁忙時の顧客の待ち時間短縮に、より直接的に貢献ができます**。

ただ、当然ながら、そのためには事前に端末処理方法などを修得しておく必要があります。その際、どの端末処理・オペレーションから修得すべきかについては、以下を参考にしてください。

◎「どの端末処理・オペレーションから修得するか」の決め方

ⓐ　取引科目や種類を自身の知識・経験に応じて分類する

ⓑ　綴込伝票の枚数（＝処理件数・分量）などを大まかに確認する

ⓒ　上記ⓐⓑを踏まえ「件数が多い一方で自身が取り扱えない商品・サービス・オペレーションパターン」を抽出し、優先して修得する

◆3　他係による融資係への応援方法

前項とは逆に、融資係に対して他の係が応援する形での全員営業についても考えてみましょう。

融資関係の話題が出ただけで、逃げ腰になるテラーも少なくないが…

店内で最も多くの来店顧客に接するのは、言うまでもなくテラーです。よって、来店顧客に対してテラーが融資商品を推奨すれば、潜在顧客の需要喚起に直接的につながります。しかしながら、その一方で、融資関係の商品・サービスは総じて複雑なため、業務を経験していないテラーなどが「難しい」「分からない」と嫌気する一面もあるようです。

顧客に対するテラーの実際の応対を見ても、融資関係の話題を出されただけで、すぐに融資窓口の担当者に話をつないで「逃げ出す」様子が珍しくありません（そうした対応が、先に述べた融資係の特権意識にもつながっているのですが）。

融資商品は、勧奨から完済に至るまで、時には延滞や条件変更をも含む工程数が、他分野の商品に比べて非常に多いという特徴があります。また、最長35年まで（親子リレー型であれば50年まで）対応可能な住宅ローンに代表されるように、取引期間自体も相対的に長くなります。さらには、同一金融機関であっても、期間・金額・金利・

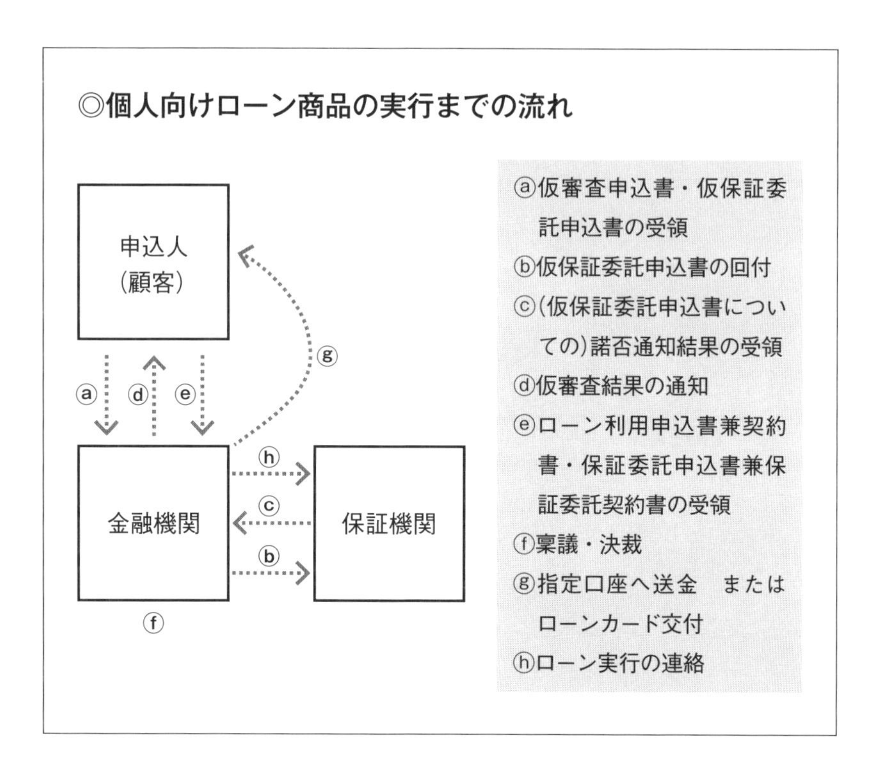

（担保や保証などの）信用補完手段などの違いによって、同種の資金使途に似たような商品を並行提供している姿が一般的です。

このように、商品・サービスの体系がそもそもややこしいことも、“手伝おうとする側”の意欲をそぎかねないことに注意が必要です。

したがって、他の係に融資係の応援を要請する場合には、**全体像を理解してもらうことに先んじて、一部の業務を優先抽出し、集中的に手伝ってもらうことが有効**となります。

融資関係の商品・サービスの中でも、**比較的馴染み深く、とっつきやすいのは個人向けの定型商品**と考えられます。個人向けのカードローンやフリーローンの申込みを受けた場合の実行までの流れは、上図のとおりです。

例えば、このうち金融機関から外部宛に通知もしくはサービスを提供するⓑⓓⓖⓗなどの事務対応の中で、それほど注意を要さない承諾案件などを応援してもらうことが考えられます。

他の係による全員営業、すなわち応援を実施してもらう前には、①応援する事務対応に関係する箇所の規程・要領・通達を参照してもらうとともに、②念のため顧客からの問合せに備えて、手交済みの契約書やパンフレットなどを渡しておくことが有効となるでしょう。

商品・サービスを推奨するための必要条件は、内容を理解していることです。そのため、**最低限の事前対応としては、実際に配布中のパンフレットを利用し、テラーなどで読合せ等を行うことも効果的**でしょう。

③「テラー＋内部事務係」の全員営業への取組ポイント

◆1　テラーや内部事務係に特に注意が求められる事項

①顧客の選別

ＡＴＭやインターネットバンキング利用率の向上により、金融機関店舗の有人窓口への来店者数は、総じて減少傾向にあります。しかしながら、そうは言っても繁忙日などの実店舗利用者は相当数に達し、有人窓口利用者の大半がテラー・カウンターに押し寄せます。このため、テラーや内部事務係には、どうしても「多数の顧客をうまく捌かなければ」という意識が強くもたらされます。

そうしたこともあり、「渉外担当係の定例訪問先」や「与信取引があるので、いつも融資窓口係が応対している先」などについては、多くのテラーが、「(だから）私たちテラーの顧客ではない」「渉外係や融資係に誘導すればいい」といった考えで顧客を選別しがちです。

しかしながら、そうした顧客に対しても、**あくまでも「自行庫の顧客・自店の顧客→すなわち自分自身の顧客」と再認識させ、自身の応対の中でも必要十分な商品紹介やセールス活動を当然に行わせる必要があります**。これが、全員営業の基本となります。

店舗は、事務処理のためではなく、来店した顧客をもてなすことで満足度を引き上げ、最終的に開拓・深耕につなげるための施設です。土地・建物や機器の設置・稼働に高額な費用を投入している以上、来店顧客の増加を図ることは当然であり、それには来店者への再来店（リピート）誘致も含まれます。

今回はテラー・カウンターでの手続きを目的に来店した顧客が、次回は、融資窓口での相談を目的に来店することも当然にあります。店舗近隣に居住あるいは勤務し、競合先のキャッシュ・カードでＡＴＭから現金を引き出そうと思って来店した利用者が、行職員からの声掛けをきっかけに口座を開設し、やがて取引を移すケースもあるでしょう。全員営業では、まさにそうした活動が求められるのです。

既述のとおり、顧客への声掛けは営業店員全員で行う必要があります。そうした中でも、もともと顧客と最も多く接するテラーが、より一層声掛けに注力することは、最も合理的で効率的な全員営業の施策の一つに挙げられます。その際には、**無用な選別を行うことなく、すべての顧客に対して、各々の潜在ニーズを想定・喚起する提案・情報提供が求められます**。

②「早く処理しないと」に凝り固まった思考

来店顧客の満足度を低下させる要因には、ⓐ駐車場の狭さ・少なさ、ⓑATM台数の少なさ、ⓒ待ち時間の長さ、が上位３要素として挙げられます。このうちⓐⓑの改善には、設備投資が避けられないため、自ずと“人力”で相応の解決・改善が図れるⓒにばかり目が向けられがちです。

一方、店舗への来店顧客数は、日にちや時間によって大きく変動します。

こうした背景の下で、五・十日、年金支給日、月末月初、年末年始などの繁忙時には「とにかくお客さまをお待たせしてはいけない」という思考に沿って、一心不乱に事務処理に向かう内部事務係を目にします。顧客のことを慮った上でのひたむきさなのですが、それ以外の配慮を欠落させ、以下のような思考・行動を招きがちなことには注意が必要です。

◎“早く早く！”がもたらす弊害の例

「処理最優先」の凝り固まった短絡的思考により…

▶**基本事項をのんびり調べている時間なんてない！**

⇒周囲や本部にやり方を聞いてでも、とにかく急がなきゃ！

⇒最適な処理方法でなくとも、この場が凌げればいい！

▶「どんな顧客か」を知るのは二の次だ！

実践能力が身に付かず、好機を活かし切れない結果、成果自体が伸び悩むことに…

全員営業の観点から検証すればすぐに分かるとおり、これは“非常にもったいない状況”に他なりません。

③受動的な思考・行動

来店顧客とテラーや内部事務係とのやり取りは、次ページの図表にあるようなフローが大部分を占めます。

簡単に言えば、金融機関側から勧奨・推奨を行うのでなく、顧客側から商品・サービスにまつわる対応を依頼される」ことを端緒とする“御用聞き型”と言えるでしょう。

◎来店顧客と一般有人窓口(テラー・カウンター)の応対[イメージ]

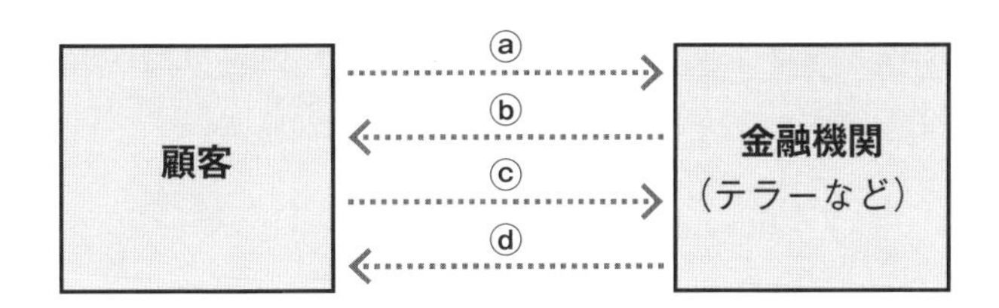

ⓐ商品・サービスにまつわる対応を依頼される
ⓑ依頼内容に応じて必要な事務対応を説明する
ⓒ申込書・依頼書・請求書・現金等を受領する
ⓓ依頼内容・手交内容に沿った商品・サービスを提供する

「自分から働きかけない限り“仕事”が取れない」わけではなく「黙っていても仕事は来る(ある)」ことは、様々な弊害も生み出します。どうしても能動的な思考・行動が不足しがちになったり、事前準備を欠いたり、対応が後手に回ったりする事象が典型です。こうした傾向は、同様に「仕事自体を獲得しなくても“向こう側”からやってくる」審査部門などにもみられます。

これらの結果生み出されるのは、繁忙時に限らず、来店誘致や商品・サービスの紹介・セールスに消極的、あるいは全く実施しないという論外の行動です。それでも仕事自体はやって来ますので、何となく「十分仕事をやれている」気になってしまうのです。

渉外担当者という機動部隊を別途保有している金融機関では、往々にして見過ごされがちですが、エンド・ユーザー向けの商店・販売店の販売経路は、その大部分を来店応対が占めます。全業種の中で捉えれば、渉外部隊を持つ金融機関は、むしろ特殊な形態なのです。

来店客がいなくなれば、店舗周辺でのビラ配りや呼込みなどを行って来店を勧奨するようなことは、他業種であればごく当たり前のことです。渉外部隊がいるからといって、「金融機関（だけ）はそういった必要がない」ことにはなりません。

よって営業店長には、テラーや内部事務係がこうした意識を持ちがちであることを踏まえた補完策の実施が求められます。時には、おだてや尻叩きも適時適切に必要となるでしょう。

◆2　テラー・内部事務係による「他の係への協力」のポイント

では、テラーや内部事務係は、具体的にどのようにして全員営業に取り組めばいいのでしょうか。

①テラー・カウンターでの適時適切な商品紹介・セールス

テラーは、何と言っても連日多くの顧客と接点が構築できる係であるため、その顧客に対する速やかで適時適切な商品紹介やセールスが、店舗全体の売上や利益を直接的に押し上げます。

ⓐできる限り多くの顧客に、ⓑ多頻度に、ⓒ競合先に先んじた適時適切・迅速な営業行為を行うことと、それにより実際にもたらされる成果には、明確な相関が見られることでしょう。

この際に、**実際に接客・声掛けを行うテラーの発揮能力を高められれば、その分だけ成果を押し上げる効果も期待できます**。理想を言えば、預金関係や為替関係の声掛けにとどまらず、融資や預かり資産などのセールスや事務手続きまですべて完結できれば言うことはありません。顧客側がテラーの紹介・セールスした商品に強い興味や関心を示したり、様々な形で反応した際には、即座に対応できたほうが具体的な商機に繋げられるためです。

ただ、“無いものねだり”な協力要請をしていても、現実や実態は追いついてきません。むしろ、こうした理想とは裏腹に、全員営業への取組みを求められたテラーや内部事務係には、常に「できない・やらない」理由を探して、それを言い訳にする傾向のほうが強くみられがちです。セールスや事務手続きまで求めてしまうと、「全体像を把握していないので」「分からないところを聞かれても困るので」等を言い訳に、声掛け自体を躊躇しかねないことを想定する必要があるでしょう。

このため現実的には、**当該業務全体の修得を終えることに先んじて、その一部を理解しただけの段階でも、まずは顧客への声掛けを行わせることが肝要**です。

OJTのサイクルとしては、こうした声掛けの結果得られた顧客側の反応を踏まえて、直接必要となる知識や関連する知識の修得につなげていくことが、実情に即した人材育成にもつながっていくでしょう。

その時点で対応可能な範囲で構わないので、**能動的・積極的な声掛けを行わせ、それに対する顧客側の反応を掴み、他の係と情報共有を図っていく対応が求められる**のです。

ただ、ここで注意していただきたいことがあります。筆者の嫌いな言葉に、「(金融業界のビジネス用語としての) トスアップ (toss-up)」なるものがあります。「トスアップする」というと、いかにも相互に協力しているように聞こえますが、実態を紐解くと、ただ単に「限定された同じ動作を繰り返し、その後は他の係や担当者に回しているだけ」という実質的な縦割り・押付けになっていることが大半のようです。本項の例で言えば、ただ機械的に融資・預かり資産などの商品紹介を行い、ニーズ照会の結果を他の係に回すだけになっているということです。

改めて言うまでもなく、これでは実践的なOJTとならないだけでなく、全員営業とは呼べない貧しい中身となりかねません。その結果、もたらされる成果にも自ずと限りがあるはずです。

読者の皆さんも、自身の携帯電話に突然セールスの電話を受けた経験をお持ちと思います。業種や業者を問わず、こうした場合の多くは(外注先である専門業者を含む) コールセンターからの電話だと考えられますが、一方的で機械的なもの言い自体に不快感を覚えた方も多いことでしょう。

翻って、せっかく店舗というリアル形態で、費用を掛けて顧客と接するのであれば、バーチャルなコールセンターにはできない対応をもって差別化を図るべきです。それは、個々の顧客の属性のみならず、実際の表情を見ながらの「痒いところに手が届く」応対に他なりません。

全員営業の機能化・高度化には、店舗の行職員全員が“自律自走”し、これらが有機的に結びつきながら正の相乗効果をもたらす形が求められます。よって、**テラーや内部事務係にも、「声掛けにあたってはどんな内容・トークが有効か?」を模索し創意工夫していく姿勢を求める必要があります**。

②顧客への声掛けによる情報提供

顧客への“情報提供”というと、マーケット情報や業界の情報などをファイルに綴じ込んだ、様々な色つき資料を示しながら行うものと連想するかもしれません。しかしながら、情報提供はそうしたスタイルにとらわれる必要はありませんし、必ずしも“紙”が必要なわけでもなく、口頭でも問題ありません。

情報の内容も、「住所や勤務先の近隣にあるお値打ちの昼食店」「子どもや孫の年齢の小児が通う評判の良い習い事先」「冬タイヤへの交換時のタイヤ保管料金の安い業者」など、ごく身近なもので構わないのです。問われるのは、「顧客その人のために」という意図があるかどうか、それが顧客側に伝えられているかどうか、に尽きます。

テラー・カウンターを訪れた顧客に対して、こうした内容を伝えれば、様々な反応が得られます。それこそが“活きた情報”であり、その中に、**金融商品やサービスにつながる情報が必ず含まれる**ようになります。**それを店内他係に還元させる**ようにすることが肝心です。

ここで一つ注意が必要なのは、情報を他係に還元するタイミングです。

商品・サービスを購入する意思表明があったり、実際の預入・利用などがあり、実績が確定した段階（もしくはそれが確実視できた段階）になって初めて情報を還元するのでは遅すぎます。

「試しに声を掛けてみたら拒絶されなかった」「話は聞いてくれたので、さらに深堀りすれば興味を持つのではないか」など、自分たち（＝金融機関側）にとって都合の良い可能性や見込みの段階や、「こういう人がいるらしい」「どうやらこんな話が出ている模様だ」といった**噂や兆候段階での（きちんと裏付けが取れていない）情報を還元させることが重要**です。

その理由は、言うまでもなく、これらの“知らせ”を端緒とした顧客情報への対応の迅速さは、ときに情報の質以上に決定的な差別化要因となるためです。したがって、**とにかく早期に報告させる**必要があり、それが何よりも大切なのです。そうしたこともあって、“紙”でなく声で十分なのです。

そして、それが**結果として「事実とは異なった」場合であっても、**

それを絶対に咎めてはなりません。見込み違いであったことを責めたりなじったりすれば、以後、その行職員は、情報の収集もその還元も行わなくなるでしょう。

③テラー窓口以外での声掛け

テラーや内部事務係の全員営業への協力形態は、当然ながら、テラー・カウンターを介した来店者への声掛けだけにとどまりません。

融資窓口や渉外担当者を訪ねてきた顧客、ＡＴＭ利用のために来店した顧客への（再）来店誘致は、ぜひ積極的に実施したい内容です。もっと言えば、ＡＴＭだけでなく、両替機等の利用のための来店者への声掛けなども、当然に視野に入れるべきでしょう。

実務上でも、一般窓口（テラー）への来店客が少ない中で、融資窓口や預かり資産窓口などだけが混雑し、相応の顧客がロビーで待機を余儀なくされる事象などがままみられます。また、ＡＴＭコーナーに行列ができていることも珍しくありません。

こうした際に、**テラーや内部事務係が、ロビーやＡＴＭコーナーに出て声掛けを行う**ことが考えられます。

④渉外必需品やノベルティ等の配布準備への協力

預金者をはじめ膨大な取引顧客を持つ金融機関の場合、実際に来店して定期的に言葉を交わしている顧客は全体のごく一部であり、「口座開設後に向き合うのはＡＴＭだけ」の顧客が大半です。

そうした必ずしも強固とは言えない顧客接点を補い、顧客先への面談を通じて需要を掘り起こす主戦力が渉外担当者となるわけですが、その活動には、店舗とは違い、書類や備品の持参が必要となります。実務上では、持参に先立った諸準備にも時間を要し、そうした時間が実際の訪問先数や面談時間を減らすこととなります。

テラーや内部事務係が、ＡＴＭコーナーに出て声掛けを行うことも

したがって、**注力商品のパンフレットに店舗名や担当者名のゴム印を押したり、ノベルティを袋詰めすることなどへの協力によって、渉外担当者の面談時間の確保に協力することも全員営業の一つの形**になります。

⑤電話による商品・サービス案内

顧客の増加や取引の増強には接点の構築・強化が不可欠であり、そのための手段は、リアルな面談だけではありません。

すでに何度も触れているとおり、全員営業の水準向上には、あらゆる手段の充実を視野に入れる必要があります。一部の金融機関や店舗では、すでにボーナス支給時期に併せた定期預金の電話セールスや、高額預金者に対する預かり資産の電話セールスも行われています。こうした電話を介した接触対象の拡大も、もちろん全員営業の一つの形に他なりません。

ＡＴＭで定期預金を預入した顧客や、「インターネット＋住宅ローンセンター」対応によって住宅ローンを借換実行した顧客に対して「ぜひ直接お礼を申し上げたいので、お近くにお越しの際には当店まで足をお伸ばしください」と電話連絡を行うことも一案です。

このほか、生活口座として活用いただく一方で、毎月の預金残高が一定額以下にとどまる顧客に対し、カードローンなどの電話案内を行うことも考えられるでしょう。

⑥事業者訪問・店周へのローラー活動

事務・経理担当者が定期的に来店している事業者へ、テラーや内部事務係が改めて訪問することや、店周に対するローラー活動を行うことも、当然、全員営業の具体策の一つに数えられます。こうした際には、テラーや内部事務係が日頃取り扱っている預金や為替関係の商品に限ることなく、融資係や渉外係の獲得目標を補助・補佐させることが、OJT面でも有効となるでしょう。

「融資は難しいから」「預かり資産は知識も経験もないので」などの逃避行為を許さぬよう、着実に経験を積み重ねさせることが、対象者の能力開発と実績の双方に好影響をもたらします。

◆3　他係によるテラー・内部事務係への応援方法

①事務量のシェア

処理に追われるテラーや内部事務係への応援としては、まずはその事務量を他係でシェアするような全員営業体制をつくっていくことが有効です。特に五・十日、月末などの繁忙日における他係からの協力としては、次の図表のようなことが考えられるでしょう。

◎他係によるテラー・内部事務係への協力例

切り口	具体策
営業面での人的補完を行う	▶潜在ニーズに訴える声掛け・セールスに必要な（CIF／MIFほか）顧客情報の端末照会などを行った上で、想定される潜在ニーズに沿ったパンフレットや申込書を用意してテラーに渡す ⇒(バレーボールで言うところのセッターのように)「あとはテラーが顧客に"ひと声"を掛けるだけ」の状態に ⇒人力で調査・分業する形での"CRM"型全員営業 ▶新規口座開設に来店した顧客や、定期預金の継続に来店した顧客などへの"お礼"部分を担う ⇒粗品（ノベルティ）を渡すとともに、繁忙時で十分な対応ができない旨をお詫びし、その際に「いつなら面談できるか」「同居家族は？」等の情報も聴取する
顧客対応の停滞を防止し、円滑化に寄与する	・迅速な処理ができないシルバー層顧客や苦情を申し立てる顧客を別の場所に誘導し、代わって対応する ・(EQ・番号札等の）番号順に待機顧客に要望を聴取し、先んじた書類交付・準備やATMへの誘導・操作説明等を行う
事務精度の低下を補う	・オペレーション後の伝票等への再鑑を担う ・事故・犯罪防止のため定期的に周回監視を行う

②応援要請を行う前に必要なこと

図表に挙げたような協力・応援を他係に要請するとしても、その前に考えておかなければならないことがあります。それは、他係の行職員は、テラーや内部事務係の実務に精通している人ばかりではないということです。

金融商品・サービスは、払込原資や手数料などを預金口座への入出金により授受するため、どの実務を担当していても、内部事務係の担当業務と接点があります。

内部事務係側は、「馴染みのある業務だろうから融資窓口の担当者も渉外担当者もきっと全部分かっているはず」「当然にできるはず」と思いがちですが、必ずしもそうは言い切れません。一例に過ぎませんが、筆者が実際に金融機関店舗を訪問・面談した際にも　普通預金口座の新規開設や、ＡＴＭへの現金・ジャーナル装填を行えない融資・渉外担当者が数多くみられました。これには、次ページの図表のような背景があると考えられます。

実際のところ、日頃管理・指導を行っている役席者の中にも、「今さら『実はできない』とは言えない」「みっともなくて聞けない」という本心を持つ人が、想像以上に多いと思われます。

融資や渉外だけでなく、内部事務係の直属の上席者である内部事務担当役席者の中にも、全部または一部の業務について“できるふり”をしている担当者が相当数いることでしょう。

これらを踏まえれば、**応援要請時にも、対象者の能力の検証や引上げが避けられません**。詳細は第４章で述べますが、手近な例として、短時間・高頻度で必要性や「できる」「できない」を話題とすることが一助となるでしょう。

また、新商品の取扱開始時やシステム構築・更改に伴う事務処理方法の変更時などに、㋐朝礼時間等を活用して手短かな説明を実施して注意喚起し、㋑役席者自身も含めて事務処理方法を振り返る、ことなども現実的な対応になるでしょう。

◎他係が内部事務係の所管業務をできない背景

背景	実態等
ローテーションの固定化	部店を異動しても同一の担当業務に就く
内部ルールへの未反映	関係書類の記入・端末オペレーションの詳細部分などが成文化されていない
店舗間での事務処理方法の違い	明確な理由はないものの、店舗によって詳細部分の事務処理実態に違いがある
本部集中化の進行	営業店の習熟機会が減少している
金融機関の組織風土	発想の固定化や“事なかれ主義”がどこの金融機関・店舗にも見られる
行職員の意識・性向	たとえ善意に基づく協力でも失敗すれば減点され、その一方で「何もしなければマイナスにはならない」という意識が強い
事務処理業務の軽視	営業店長の渉外活動偏重の悪しき伝播も珍しくない
役席者自身の事務処理能力の低さ	自分自身が処理方法を熟知していないため、他者の指導や教育ができない
事務処理理解の不徹底	不明な業務を、他者を応援した際にも習熟対応せずに看過し、「できないまま」になっている
検証の不十分さ	上記のような実態を内部監査部門監査・店内検査等で検証できていない

内部事務係が所管する業務については、対象顧客や取扱商品・サービス数が他の係を大きく上回り、これに伴って、事務処理やオペレーション数も店内で最も多くなります。処理の絶対数の増大に伴い、オペレーション・ミスなど誤った処理も増えてくる一面が認められるた

め、応援を要請する際にも留意が求められます。

営業時間中の店内は、両替機・札勘機・硬貨巻機等が唸りを上げて稼働することも多く、その上に勘定系端末の操作・印字音や電話を含む応対の声がかぶさります。そうした騒々しい中で、「伝え漏れ・聞き漏らし」が発生することも珍しくないため、**応援依頼時には、ごく簡単なメモを作成・手交することも一案**となるでしょう。

また別の視点では、事務処理時には、伝票・依頼書・請求書など多種多様の文書様式に向き合わざるを得ません。多量に及ぶこれらの書類は例外なく所定の場所への保管が義務付けられますので、紛失等の事態に備えて、**処理を終えた書類などの一時保管場所等を設置し、周知を図る**ことも肝要です。

4 渉外担当者による全員営業への取組方法

◆1 基本的な考え方

渉外担当者に「どのような業務が割り当てられているか」「どのような活動が求められるか」など実際の活動の中身については、各金融機関・営業店・担当者によって差が非常に大きいのが実態です。

よって本書では「営業店所管地区を複数名の渉外担当者に切り分け、担当地区内の顧客に関するすべての一次対応を受け持ち、連日訪問活動を行う」という平均的な形態を前提とすることにします。

こうした営業形態は、以前は数多くの業種でみられたものですが、今となっては、全業種・業態の中でも非常に珍しい存在になりました。かつて多くのセールスマンを事業先のみならず個人宅にも派遣していた自動車販売業者は、現在では、どの自動車ディーラーも来店誘致型に切り替えるようになりました。筆者の少年時代には、配達を行う乾物屋や酒店などが珍しくありませんでしたが、近年建築された戸建住宅では、勝手口のない形態も珍しくなくなっています。

そうした変化の背景には、生活様式や顧客ニーズの移り変わりのほか、サービス供給側の意向も強く働いています。率直に言えば、「訪問営業を行っても人件費や配達費分までカバーし切れない」との判断に沿って、どこかの時点で撤退を決断し、販売チャネルを別の手段に切り替えたのです。「たとえ多くの営業担当者を常時動かして顧客にセールスを行っても、その分を補ってあまりある売上げや利益は見込めない」、あるいは「営業担当者による訪問販売よりも、他の手段による販売手段のほうが高い利益が見込める」と結論づけたと考えられます。

これらを踏まえれば、金融機関の渉外活動においては、㋐人件費をはじめ、投入されている費用の回収を図ると共に、㋑（異業種の撤退によって結果的に）“切り札”となった訪問営業のメリットをアピールする、という２点を意識・留意することが有効となります。その具体策として、以下のような活動を全員営業によって実施することが一案となるでしょう。

◎「いまどき珍しい“訪問営業”」をより活かすために

ⓐ訪問が有効な顧客を選別・抽出し続ける

▶預金者をはじめとする顧客数が膨大な一方で、経営資源には限りがあるため、より大きな効果が見込める顧客を抽出した上で、そうした対象先の“入替え”を随時行うことが当然に求められる

ⓑ各種方策による顧客接点の構築・強化を踏まえた訴求を図る

▶直接の面談（リアル）のほか、電話・ファクシミリ・郵便・電子メールなどの手段（バーチャル）も並行実施して総合的な顧客接点を構築しながら、“切り札”として「渉外担当者の訪問」をアピールすることが有効となる

渉外分野における全員営業のポイントをひとことで言えば、**「費用の掛かる渉外活動を、できるだけ費用の掛からない施策で後方支援する」**ことになります。

◆2　渉外担当者による「他の係への協力＝全員営業実施」のポイント

①融資窓口との連携

店舗外を“主戦場”とする渉外担当者には、何と言っても「外でなければ分からない、把握できない情報・ニーズ」を時に掘り起こしてでも持ち帰ってもらう役割が期待されます。その一方で、そうした役割を発揮する際にも、生産性つまりは費用面やリスク管理面との両立が当然に求められることを忘れてはなりません。

中でも、**優良資産の積上げが最も強く期待される融資窓口との協調は、絶対的に求められる活動**です。全員営業としての具体的な活動、すなわち融資係への協力については、次ページの図表にあるような内容がすぐに思い浮かぶはずです。

実態を踏まえれば、競合金融機関も、同一の信用調査機関からの信用情報をもとに、新規事業先の融資開拓や既存先との取引深耕を図っています。このため、黙っていても優良先には何らかの接触が図られてきます。

したがって、競争に勝ち残るには、高品質な情報提供と適時適切な提案を継続的に実施することで、顧客側の満足度を引き上げなければなりません。もっと言えば、それ以外の手段はないと捉えるべきでしょう。「顧客が金融機関を選ぶ時代」ゆえ、選択権は顧客側が一方的に握っているのです。

こうした中では、既往取引顧客に対する競合金融機関からの情報提供・取引提案内容にも、神経を尖らせざるを得ません。**渉外活動を通じてそうした情報が収集・把握できれば、対応策を講じる余地も生じ**

◎渉外活動を介した融資窓口係への協力

渉外担当者自身の訪問活動・ルートと関連付けた与信先等への訪問

ⓐ与信先・関係先の状況把握
▶商店・販売店の来客状況
▶事業先の建物・設備等の外観や館内の様子
▶住宅ローン・自動車ローン先の現地確認・利用者の現況把握
▶非対面完結型ローン利用者の現況把握
▶［店舗・担当者ほか］競合金融機関の動向
▶上記にまつわる当事者・（顧客の競合先や“顧客の顧客”など）関係者の声・動向

ⓑ融資関係商品・サービスに対する顧客側の声の収集
▶「こんな商品・サービスがほしい」「競合先からの提供内容に比べてここが優れている・ここが劣後する」
▶「申込みや条件変更手続きの際のここが分かりにくい（使いにくい）ので改めてほしい」

ⓒ面談時に融資窓口担当者の「人となり」などをアピールして来店を誘致

るため、極めて有効です。

②顧客と内部事務係との接点強化への協力

渉外担当者と内部事務係との間のやり取りは、渉外担当者が内部事務係に、「訪問先で受け取った伝票の事務処理をやっておいて」「手伝って」などと依頼するだけの一方的な関係になりがちです。その背景には、「こっちは雨の日も雪の日も外に出ないといけないけど、そっちはいつも建物の中に居られるでしょ」といった意識があり、実際にそういった発言をする渉外担当者もままみられます。

しかしながら、営業店全体で業務の最適化を図り、それをもって全員営業の成果を最大化しようと考えれば、そうした一方的な関係が最善であるはずがありません。渉外担当者側から内部事務係側への協力も当然に行うべきであり、“お互いさま”の協力関係が望まれるのは当然のことです。

それらを踏まえれば、渉外担当者側からの応援は、まずもって「“主戦場”である顧客先への訪問の際にどのようなことで貢献できるか」という面で考えるべきでしょう。そうであれば、顧客と内部事務係双方の“声”を相手側に届けることで、結果として接点や関係の強化を図ることが望まれます。

具体的には、**顧客の「窓口応対への評価や改善希望」「来店による手続予定」などを内部事務係に伝えることや、逆に、内部事務係からの「顧客側が行う事務処理に対する要望・要請」「持込時期の早期化の依頼」などを顧客に伝える**といったことが考えられるでしょう。

実際に「どのような先と接点強化を図るか」については、効果や費用を踏まえた選考基準に則った抽出を行い、そうした先を一つひとつ消し込んでいく対応が望まれます。

③顧客が行う事務処理改善の働きかけ

今ほど、「顧客と内部事務係との接点強化への協力」として、「顧客側が行う事務処理に対する要望・要請」を渉外担当者が顧客に伝えるということを述べました。この点について、もう少し考えてみます。

店頭に定例的に訪問する顧客には様々な属性がみられますが、従業

◎顧客・内部事務係の接点を強化するために

ⓐ顧客の声
✓窓口応対姿勢の評価・改善期待事項
✓来店による取引予定

ⓑ事務取扱上の声
✓顧客側の事務取扱処理水準の引上要請
✓持込時期の早期化

ⓒ渉外担当者
〈ⓐⓑ間の実質的仲介〉

員に対する毎月の給与振込など、一定量の事務処理をテラーなどに提出・依頼してくる顧客もみられます。こうした依頼は、(振込依頼書など) 金融機関側で制定する様式に相手先や金額などを記入し提出する形でなされますが、実際の記入精度(すなわち正確性)や実行希望日までの猶予については、かなりの差異が認められます。

実務上では、記入内容に誤りが多いため内部事務係の担当者が確認や修正に相当な負担を強いられる先や、実行希望日直前や当日に持ち込まれて事務集中部門への転送・処理依頼が行えない先も珍しくありません。様々な依頼をいただけることは有難いのですが、事務負担は、すなわち費用(コスト)に他なりません。

このような“痛し痒し”の顧客の中には、定例訪問を行っている先を含め、渉外担当者が相応の接点を保有している先が含まれていることも珍しくありません。しかしながら、そうした訪問を重ねながらも、渉外担当者自身が「低い事務精度に内部事務係が困っている」事実を十分に認識していない実態もままみられます。さらに言えば、そうした事象を知りながらも、「苦情を言うと渉外活動に支障を来す」「担当者である自分の評判が悪くなりかねない」等の判断の下で、何ら改善のための働き掛けを行わない事象もみられます。

改めて言うまでもなく、渉外活動の目的は、顧客からの依頼事項をただ無批判に伝えることだけでも、“お願い”を積み重ねることだけでもありません。顧客との接点を構築し、顧客への適時適切な情報提供によって満足度を高めることで構築した接点を強化し、それらを通じて商品・サービスの紹介・セールスを図ることで、開拓・深耕をもたらすことです。

顧客側が実施している事務処理の水準が低かったり、依頼した書類等の提出時期が遅れたりする背景には、顧客側の原因や事情が横たわっています。よって、これらの改善策を紹介することも、顧客に喜ばれる情報提供の一つに該当する可能性があります。

繰り返しますが、事務処理水準の向上や書類等の提出時期の早期化のための情報提供は、決して金融機関側の都合の押付けやわがままの強要というばかりでなく、顧客側の満足度を引き上げる契機にもなるものです。内部事務係が電話等で問い合わせる相手は顧客に他ならず、その手間や時間は、顧客側にとっても負担以外の何物でもないからです。

なお、顧客先へのこうした働きかけにあたっては、事務処理の水準などを含めた取引の詳細な実態について、改めて確認・理解しなければならないことを渉外担当者側が認識しておく必要もあります。営業店長は、そうした実態の把握・理解なしに、ただ漫然と訪問活動を繰り返していても、視野や発想は広がらず実績にもつながらないことを渉外担当者に気付かせる必要があります。

さらに、営業店長や役席者などからこうした指導や指摘などを行う際には、**「必要なときには内部事務係に聞けばよい」と、ただ内部事務係に押し付けたり、内部事務係を安易に巻き込むことがないようにも注意する**必要があります。

すなわち、渉外担当者自身が一定の時間を割いて関係書類等を自ら確認し、その上で不明な点を（あらかじめ一定の時限前に通知を行った上で）内部事務係に聴取するようにさせなければなりません。内部事務係も多忙であり、そのことに配慮させることも当然必要です。

全員営業は、あくまでもそれによってプラスの効果をもたらす必要があり、マイナスになるようでは実施する意味がありません。

④来店誘致

また別の視点では、このような情報提供や交渉対応を含め、**顧客先への訪問時に常に来店誘致を行い、来店顧客を増大させる**ことへの協力も当然に求められます。この際には、ただ機械的・一律に来店を依頼するのではなく、融資窓口やテラー・内部事務係の獲得・推進目標を補完する視点での協力余地も、当然に視野に入れるべきでしょう。

⑤内部事務係によるローラー活動への協力

さらに、内部事務係などが時折実施するローラー活動にも協力・支援を行える余地があります。活動に先立ってローラー対象先の選定・抽出を行う際に、単に「取引先／未取引先」あるいは「定例訪問軒／それ以外」に区分する以外の**“日頃地区を回っている渉外担当者ならではの情報還元”**を行うことが考えられるはずです。

より具体的には、「現在訪問中だが、来店誘致に切り替えることが望ましい先」や「渉外担当者による自宅や事業所への訪問・面談は嫌

◎来店顧客の拡大・拡充のために

実際の来店・面談者は潜在層全体の一部にとどまる

[事業者で言えば実権者や経理担当者／個人であれば世帯の中の誰か]

訪問によって"普段店舗に来ない人"に会うことも可能に！

"普段来ない人"に直接来店を誘致することができる

※地縁者・血縁者に加え、職場の同僚など職場縁者までを視野に入れた潜在来店顧客への来店誘致実施が有効

うが、来店を促せる可能性は残す先」などを抽出・情報提供することが、ローラー活動のみならず、全員営業を充実させます。ただし、単なる押付けに陥らないよう、深い考察が求められることに注意が必要です。

◆3　他係による渉外担当者への応援方法

①訪問・面談顧客の入れ替えに伴う対応

既述のとおり、渉外担当に投入できる経営資源にも限りがあるため、日常の活動の中で実際に面談している顧客は、所管地区の顧客全体の何分の一かに過ぎません。また、起業や廃業、誕生や逝去など、顧客の動向は常に変化し続けるという本質的な性質も保有しています。

これらを踏まえれば、「訪問・面談する顧客の顔ぶれを順次変更させていく」対応が避けられません。よって、渉外担当者が他の係に求める応援内容には、こうした**変更対応への協力**が挙げられます。

◎面談相手を変え続ける意味

ⓐ定例先ほか現在の訪問顧客の顔ぶれの入換え(外した顧客は他の係へ振分け)や、訪問頻度の引下げによる経営資源の確保

ⓑ浮いた経営資源の新規先への開拓や既往先への深耕への充当

前者ⓐに該当した顧客については、「なぜ渉外担当者が来てくれなくなったのか」等の不満を持った状態で、他の係に振り分けられる可能性があります。その場合、引き継いだ融資担当者や内部事務係の側には、苦情対応を含めた相応の負担がもたらされることになります。

かと言って、「不満を示したためこれまで同様に」という取扱いばかりでは、限られた経営資源（すなわち人手）を割くこともできず、顧客側に別の意味での不公平感に基づく不満をもたらしかねません。

このため、基準に沿った取扱いであることを理解してもらえるように必要十分な説明を行うと共に、不満の表明があったり、あるいはその萌芽を感じ取った段階での、他の係も含めた関係者全員への迅速な共有が求められます。それが、次善策の選択肢を広げることにつながるのです。

「耳の痛い・都合の悪い事実ほど早く正確に」の原理原則は、いついかなるときも普遍的に求められると理解しておきましょう。

さらに、そうした“守備”面にとどまらず、“攻撃”面として、**融資窓口担当者やテラーなどの売り（セールス・ポイント）を紹介し、顧客に訴求する**協力方法も考えられます。

「営業活動は（営業）担当者自身を売り込んでいく行為」と言われていますが、渉外担当者が、融資窓口担当者やテラーなどの売込策を共に考え、実施することも、全員営業の一つに挙げられるでしょう。

営業店長には、こうした活動が、係による違いや個人差なく実施されるよう導く役割が求められます。

悪しき一例として、毎朝のミーティングを渉外担当者および役席者とだけ実施する営業店長を高い頻度で見かけますが、渉外活動は、あくまでも営業店の業務の一部に過ぎません。

全員営業実施にあたっても、渉外役席者の業務を補完するだけでなく、店舗全体の活動が最適化するよう、偏在を調整する指導が避けられないことを改めて認識願います。

②融資推進に必要な諸準備への協力

各金融機関が優良貸出資産を巡って激しくしのぎを削る中では、開拓対象先への新規接触や既存先へのフォロー接触の頻度を高めていき、適時適切な情報提供やセールス活動を継続し続ける姿勢が欠かせません。

そうした一方で、実際の資金需要を背景として融資商品・サービスを利用する顧客の動きは、預金顧客と比べても個別性が強いため、動向把握・分析や事務対応の諸準備についても相応のマンパワーを要する一面が認められます。

したがって、融資関係の顧客と接する渉外担当者にも相応の事務負担が強いられることになりますが、そのために割いた時間は、面談時間を減少させる形でも影響してきます。このため、他者に諸準備の一部に協力してもらうことができれば、面談時間の確保・充実の一助となります。

融資窓口などが中心になると思われますが、以下のような対応などが考えられるでしょう。

> **◎渉外担当者に協力したい融資関係の補完事項**
>
> **ⓐデータ収集**
>
> ▶ローン商品の（内入れ・繰上償還動向を含む）返済動向
>
> ▶金利・手数料等引下げ要請にまつわる業種や競合先の動向
>
> ▶（外部）保証機関の保証姿勢・キャンペーンなど近時の動向
>
> **ⓑ事務対応**
>
> ▶「債務者概況把握時の業種別ポイント」メモを作成し渉外担当者に渡す
>
> ▶後日の苦情・トラブルの防止・抑止のための「契約時に説明・言及しておきたい契約書上の文言」のマーキング

③車輌の整備への協力

毎営業日利用する（原動機付自転車・自転車・軽自動車などの）移動用車輌は、利用する分だけ着実に劣化していきます。この一方で、日常の管理・整備対応は「主要利用者に一任」というかたちで、実態上は放置されているケースが珍しくありません。

実際のところ、劣化した部品の交換・補充などメインテナンスにも相応の負担が掛かるだけでなく、中には対本部申請などを必要とする手続きもあり、「面倒」と思っている担当者がほとんどでしょう。その結果、「ちょっとヘタっている」「調子は悪いけどまだ大丈夫」「“いよいよ”になったらやる」といった後回し対応が珍しくありません。

改めて言うまでもなく、こうした管理・整備が不十分な状態は、運転者だけでなく、第三者を巻き込んだ事故をもたらしかねません。摩耗したタイヤのミニバイクで雨天の中を走らせれば、滑って転んで歩行者を死傷させかねないと、頭では分かっているものの、毎日のことで麻痺してしまうのです。

これらの車輌は担当者個々人が所有しているわけではなく、金融機関として保有またはリース契約を行っているはずです。また、管理・整備は誰がやっても変わりなく、むしろ“眼”を代えることが有効でもあります。

最も車輌を利用するのは最も外出の多い渉外担当者であり、それはすなわち最も危険で最も車輌整備を要することも意味します。よって、他者が定期的に管理・整備を行うことも非常に有益な応援策であり、これも全員営業の一つとなります。

5 緊急連絡体制の構築と運用管理

◆1　全員営業において「緊急連絡体制」がなぜ重要か

まだ記憶に新しい東日本大震災や、平成28年に連続して襲来した大型台風は、現地の金融機関にも甚大な被害をもたらしました。被災後の金融機関店舗には、当座の生活資金や復旧対応に必要な預金を払い戻すため顧客が多数来店する事態も生じます。こうした中で、金融機関にはいわゆるＢＣＰの作成・運用も求められていますので、“緊急連絡”と言えば、こうした事態への対応策を連想されるかもしれません。

また一方で、既述のとおり、“人の手”を介した領域を幅広く残す金融実務ゆえ、オペレーション・ミスほか招かれざる誤りをゼロにすることはできません。このため“緊急連絡”と聞くと、そのような事務処理相違・錯誤に対する苦情・トラブルや、事件・事故への次善対応を連想されるかもしれません。信用不安の発生に伴う現金払出（流動性確保）対応なども日頃から意識されていることでしょう。

いずれも、極めて重要な視点ではあるものの、緊急連絡が必要になるのは、そうした危機対応時だけではありません。日常の営業推進において必要となる緊急連絡もあるからです。

ここで取り上げたい緊急連絡は、ちょっとした対応の遅れにより、顧客満足度を低下させ、商機を失う事態への対策です。そうした遅れは、日常業務の中で頻繁に発生します。そうした遅れが起こらないように、あるいは、起こってしまった場合はすぐさまカバーできるように、**顧客の意向に迅速に対応するための連絡体制をつくっておかなければなりません**。

顧客はそもそも独善的であり、「今すぐ対応してくれれば購入・利用するが、できないならばよそに行く」意向を誰しもが持っています。おくゆかしい国民性を持つわが国では、そうしたことをはっきり口に出す顧客は少ないですが、そうした意向により「ただ静かに去る」「よそに移る」顧客は珍しくありません。これはすなわち、顧客からの依頼や要望に迅速に対応できなければ、簡単に競合先などへ取引を移されてしまうということにほかなりません。

顧客からの依頼等に迅速に対応するには、店内の緊急連絡体制を整備しておくことが不可欠となります。今や、預貯金取扱金融機関や保険・クレジットカード会社などだけでなく、流通・ＩＴ・交通機関・コンビニエンスストアまでもが、ときに競合相手となることを忘れてはなりません。

その対策の一つが、所属者全員がすべての顧客を“自分自身の顧客”と認識した上で、必要に応じて当事者・関係者と速やかに連絡を取り合うことです。これもまた、全員営業の一形態であることに疑う余地はありません。

◆2　緊急連絡についての基本事項の周知

営業店長から、折に触れて以下の事項を行職員に周知・解説しておくことが必要です。

- 「顧客の依頼に応じて緊急連絡を取る」ことは、業務すなわち仕事であるため、就業規則に則って速やかに行動しなければならない
- 顧客の実需に裏付けられた金融実務では、顧客側に緊急を要する事象が発生することは珍しくない
- 金融機関は無限にあり、選択権は顧客側にあるため、顧客の依頼に可能な限り沿っていかなければ選別に漏れる
- 「別の仕事に取り掛かっているためすぐには対応できない」のは"こちら側"の事情であり、顧客は無関係である

あまり重要とは思われない標語や人生訓などを事務室内にベタベタと貼付している店舗などもみられますが、本件などはそれに代えて貼付してもよい内容かもしれません。全員営業を遂行するうえでも、不可欠な対応と認識してください。

また別の視点では、非常に残念なことですが、現職行職員による金融犯罪や不適切な事務処理が、今なお断続的に発生しています。このため、ⓐそうした不祥事件が疑われるなど緊急連絡が必要になった際にはその旨を上席者（⇒不在の場合にはそれに代わる同僚など第三者）に報告・連絡する、ⓑ担当者等への連絡時には可能な限り上席者が行う（⇒直属の上席者等が不在の場合には他の上席者、誰もいなければその時点での適任者が行う）、ⓒ上席者の行動に不審を覚えた場合等に備えて公益通報先を周知しておく、ことなども求められます。

◆3　緊急連絡体制を機能させるための留意点

全員営業において緊急連絡体制を機能させるには、自店の行職員全

員に以下の点を理解させる必要があります。

営業店での活動実態を見ると、朝礼時に定期預金適用金利や新聞記事などの話題を毎日同じように取り上げている様子も珍しくありません。しかしながら、率直に言って非常にもったいないと感じます。それだけの時間があるのであれば、緊急性がそれほど高くなく回覧も可能と思われるそうした内容に優先して、下記ⓐの留意事項を手短かに

◎全員営業における緊急連絡体制の適切な運用のために

ⓐ下記に代表されるような留意事項をあらかじめ共有しておく

▶対応に注意を要する顧客(実名・理由・応対時の依頼)

▶販売注力中の商品の基礎情報(「受入総額に上限を設定した定期預金などの受入残額」や「期間限定で金利・手数料などをディスカウントしたローン商品などの実行期限」など)や現状の把握

▶複数の顧客から寄せられる"特徴的な声"(実際の評価や苦情などに見られる傾向)

▶行動予定のうち注意すべき時間帯(その日の活動時間のうち、顧客への謝罪中などのため絶対に中座できない・連絡にも応じられない時間帯)

ⓑ「緊急事態に遭遇した際の基本対応」を周知しておく

▶担当者が不在の場合には、その上位者が速やかに代行[⇒分からない場合にはとにかく部門長へ]

▶連絡すべきかどうか迷った場合には躊躇なく連絡[⇒連絡を受けた側は絶対にそのことを責めないルールで]

発表し合うことも可能となるためです。朝礼に限ったことではないですが、すべての業務は常に優先順位に則って遂行すべきです。

緊急時の対応で実務上最も逡巡するのは、出張や休暇で、通常の業務から離れた状態にある行職員にまつわる内容でしょう。すなわち、そうした行職員が関係する業務について、迅速な対応が必要な依頼や問合せが入ったときです。

出張は業務形態が通常とは異なるだけで、就業には変わりないため、必要に応じて連絡を取ります。したがって、出張に先立って連絡先や連絡手段を確認しておくことは当然です。休暇中についても、緊急連絡に備えて連絡手段を把握しておくことまでは問題はありません。携帯電話が普及した現在では、それによる連絡が一般的となるでしょう。金融機関の場合、万一に備えて、海外旅行を行う場合には出国先やホテルを事前提出させることが一般的なようです。

なお、労働基準法第39条（有給休暇）遵守の観点では「休暇中であっても絶対に電話に出ろ」と命令することはできず、同法119条で罰則規定までが定められている実情を勘案する必要もあります。したがって、「十分にリフレッシュできる休暇期間」とするため、必要十分な引継ぎを行わせておくことが原理原則となります。

したがって、**そのときになって慌てない、混乱しないためには、前もって取扱商品・サービス別に権限を整理し、役席者に周知の上で、速やかな意思決定ができる仕組みをつくっておくことが営業店長には求められます**。

また、最近では、情報漏洩防止の観点から、渉外担当者などに、業務時間中の私用携帯電話の保有や使用を禁じている金融機関も少なくありません。そのため、渉外担当者に緊急の連絡をとる必要が生じたときの対応も図っておかなければなりません。その対策としては、**日**

次での訪問・巡回ルートや一時帰店予定の事前把握、顧客連絡先の整備・更新を行っておくことが欠かせません。

いずれも、全員営業によって商機を逃さないための必要条件となりますので、**「黙っていてもお互いが補完し合う」よう仕向ける**ことが肝要です。

第4章

“全員営業”で成果を上げるマネジメント手法

部下行職員の意識改革と業務内容の実態把握

◆1　部下を“その気”にさせる

全員営業は体制（フォーメーション）を表す言葉ですので、“指揮役”である営業店長の采配いかんにより、その成果には大きな差が生まれます。

なかでも、営業店長がマネジメントの中核として最も留意すべき点は、**「所属する行職員をいかにして“その気”にさせるか」**ということです。それこそがまさに、管理する側の“腕の見せ処”に他なりません。

実施する全員営業の内容は、当然ながらプロの金融機関人に求められる水準に達している必要があります。そのためには、肝心の行職員の“その気”についても、中身が問わることになります。すなわち「何だか分からないが、とにかくやればいいのだろう」ではなく、**「こういうことが求められている／やらなければならない」ということを分からせた上で、それに対する意欲を喚起する必要がある**のです。

顧客満足度はもちろん、具体的な売上げや収益をもたらす全員営業でなければならず、そのためには、誤解や空回りをさせない牽引対応も求められます。

行職員を“その気”にさせ、全員営業で成果を上げるために、営業店長が実行すべき３つのポイントを挙げておきましょう。

①最終目的は部下全員の意識改革

その店で初めて本格的に全員営業の実施を指示した場合や、過去に全員営業を行ったことのない行職員を人事異動で迎えた際などには、向き合った行職員に「全員営業なんて、なぜ必要なのか？」という疑問・不満を持たれる可能性があります。

そこで営業店長は、こうした疑問・不満を「全員営業は実施して当然のもの」「他者に協力して全体の成果を上げることが最優先される」という考えにできるだけ早く改めさせなければなりません。これは、それさえできれば目的はほぼ成就（ゴール）したと言えるくらい大事な仕事です。

上意下達の企業風土が一般的な金融業界ですので、どこの金融機関・店舗であっても、営業店長からの指示・指導に表立って逆らう者はごくわずかです。これは、営業店長にとって都合が良いことのように思えますが、決してそうではありません。表面だけ納得したような顔をされても、そんな部下ばかりでは、全員営業が成果を生むことはないでしょう。

そもそも、金融機関とは面従腹背の状態を招きやすい組織であると改めて意識し、それを踏まえた上で、**部下行職員の本心を推し量りつつ施策を進めていく必要があります**。

さらに言えば、説明・説得によって仮に一度は理解・納得させても、時間を経る中で、改めて変心したり、取組みを軽視するようになることもあります。人には誰しも、持って生まれた「やすきに流れる」弱さがあります。「他店に聞いても、そんなことやっていない」「ここの顧客にそんなことをやっても効果は薄い。意味がない」等の口実と共に、途中で手を抜き始めることも珍しくありません。

よって、営業店長には、手を変え品を変えしながら、全員営業の必要性を半永久的に喚起し続ける役割が求められます。辛い役目ですが、全員営業の成功のためには避けられません。

②顧客への本業支援と同様のやり方を部下に実施

「国力全体の底上げを官民挙げて、業種を問わず行おう」という国の方針に沿って、最近の金融機関には監督当局からも、事業者顧客へのコンサルティング機能を強化する指示が様々な形で発されています。

与信など直接的な金融機能の提供にとどまらず、販路開拓や生産性向上などの助言・情報提供により、いわゆるトップライン収益など、顧客の本業にも寄与・貢献しなければならない、というものです。

こうした取組みを行う際には、対象となる顧客の業種・業界を研究・考察し、さらに当事者や関係者の意見聴取や情報収集を図りながら、顧客に情報還元やアドバイスを行うはずです。そしてその際の切り口には、「課題解決」があるはずです。

営業店長が全員営業に取り組むに際しても、こうした顧客への対応と同様の対応を、部下に対して行うことが求められます。

つまり、係や担当者が機能しないなら、その理由を研究・考察する対応も必要になるということです。**当事者や関係者からの意見聴取や情報収集を図りながら、当事者に情報還元を行う**という対応です。顧客に対するのと同様に、迅速さをもって臨む必要もあります。

「部下は顧客ではない。いちいちそんな面倒なことはやっていられない」という声も聞こえてきそうですが、それくらいのことは行わなければ、全員営業の必要性について行職員に心から理解させ、それを機能させることは難しいでしょう。

やり方次第でより大きな成果が期待でき、状況を打開できるのに、そうしたことを当事者が理解していない場合は、当事者の成長をただ待つのではなく、早期の情報提供を行う――。これは、顧客に対する支援・アドバイスにおいても、部下への指導においても、同じく重要なことです。

待っているばかりでは、相手が気付いたときにはすでに手遅れの事態となりかねません。

③低燃費・完全燃焼の姿へ

自店の行職員が互いに補完し合い、店全体の業務の最適化を図ることで、売上げや利益を伸張させる手段が全員営業です。当然のことですが、売上げだけでなく、利益も対象としています。言い換えるなら、実施費用の極小化もそこでは求められていますので、それを分からせ、その上で「よ～し、やってやろう！」という意欲を掻き立てる必要があります。

特に、金融機関の経費に占める人件費率は非常に大きい傾向がみられますので、営業店長は、全員営業の実施にあたって人件費の圧縮に留意しなければなりません。

これらを踏まえれば、**最小の人数で最大の成果を挙げるような全員営業の実施が求められる**こととなります。投資した人件費が十分に回収できないようでは、全員営業が機能しているとは言えません。たとえれば、高い燃料費（≒人件費）を投じながら、不完全燃焼を起こしている自動車のようなものです。

“低燃費・完全燃焼”の営業店運営の実現には、全員営業への取組意欲を極大化させる対応が求められます。意欲をもって取り組めば、その分だけ知識やノウハウの修得にも貪欲になります。その結果、個々人の生産性を高められれば、配置人員の削減余地も生じます。

労務管理を行う上では、それを時間外勤務の圧縮や、有給休暇の取得率向上と両立させる必要があります。「今でさえ人が全然足りないのに何てことを言うのか」という声も聞こえてきそうですが、人が足りない実態の背景に、十分な能力開発が図られていない事実はみられ

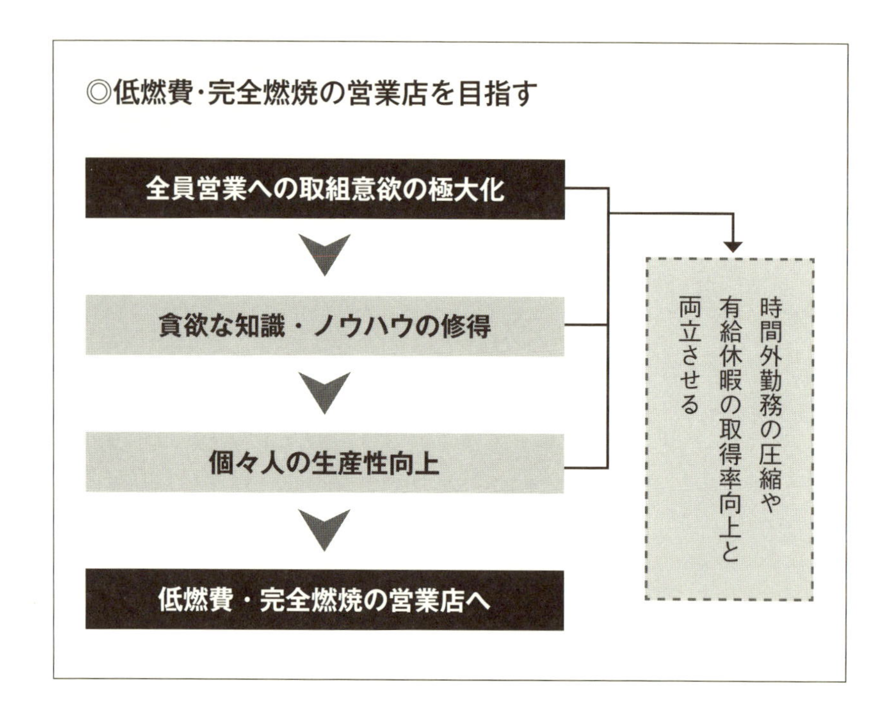

ないでしょうか。能力開発の対象には、本質的に聖域はないのです。

したがって営業店長には、部下行職員に全員営業の必要性を認識させるとともに、**「だからこそ自分自身も能力を開発しなければ／自己啓発・研鑽を徹底させなければ」という思考・行動をもたらすための誘引策を実施する**必要もあります。それも、“その気”の中身に他ならないのです。ときには、粘り強く、親身な対応も求められるでしょう。

◆2　実態把握と実施内容の見直し

「全員営業の実施時には、最初に業務全般の再構築が必要」であることは、第3章ですでに述べました。その手順は、ⓐ現行業務全般を

（俯瞰的に）把握し、ⓑその上で「どのような全員営業が最適か」を考察する、という順序となります。

本来、業務は顧客ニーズに応諾する中で、常に変容させていかざるを得ないという性質を保有しています。全員営業も、この例外ではありません。

市場動向や技術革新などに応じて、顧客側が「知りたい」と希望する内容も変化し続けますので、全員営業として「できる」「やれる」対象も、それを追いかけていかざるを得ません。ごく一例ですが、金利水準の低下を受けて不動産市場が加熱し、不動産投資信託について照会する顧客が増えれば、商品の内容やリスクを説明できる行職員を揃えることが顧客への訴求力を高めます。競合先のサービス提供姿勢の変更なども、全員営業の形態を変更させる動機になるでしょう。

実際に顧客と向き合うことを踏まえれば、「どの水準までできるか」「どのオペレーションまで対応可能か」を重視せざるを得ません。したがって、これらをあらかじめ把握しておけば、繁閑時の人員調整もたやすく行えることとなります。

その一方で、そうした実態把握や考察も、タダでできるわけではありません。言い換えれば、費用対効果を勘案する必要があります。高い人件費を投じて分析ばかりしていても、それだけでは成果には繋がりません。

よって実務上では、「大きな変動要因がなければ四半期または半期程度ごとの把握・考察実施」が現実的な頻度となるでしょう。もちろん、それを基本としながらも、微調整・微修正を日々加えながら「実務に耐え得る全員営業形態」を目指していくべきです。

◆3　最初に把握すべきは事務取扱の実態

①どのように把握するか

顧客が“命の次に大事”な金融資産を金融機関に預けたり、誰にも見せたくないはずの決算内容を公開するのは、「(そうまでしてでも) 金融商品やサービスを利用したいから」という理由だけではありません。「この金融機関ならば金銭や情報を預けても大丈夫だろう」と信用しているからにほかなりません。

こうした信用は形がなく、個々の取引を積み重ねる中で醸成されるものですが、“(建物工事で言う) 基礎”の部分は、金融機関側の堅確な事務処理の遂行能力・実績です。普通預金の受取利息金額を自ら検算して検証する顧客は、預金取引顧客全体のごくわずかにとどまるでしょう。その理由は、大部分の預金者が、「金融機関が行っている付利計算は正しい」「間違っているはずがない」と信頼しているからであり、それこそがまさに「信用」にほかなりません。よもや、ごまかされたり着服されるとは考えていないのです。

顧客側が抱いているこうした信用・信頼は、いま例に挙げた普通預金の付利計算だけでなく、すべての商品・サービスに同様に及んでいます。それは裏を返すと、わずかな事務処理の誤りであっても、顧客側の期待を裏切ることがあれば、一気に信用失墜につながる可能性が高いということにほかなりません。

全員営業も営業の一形態である以上、顧客から受け入れられなければ意味がありません。したがって、**全員営業体制の下で行う事務処理についても、内容を「必要十分・堅確」と認められる水準まで高め、それを維持しなければなりません**。そうしたことが顧客からの信用・信頼の基礎となるのであり、それを実現しなければ、例外なく顧客からの選別に漏れることになるのです。

全員営業により、本来の担当以外の行職員が事務を行うのだから、多少のミスは仕方がない、といったことは当然ながら許されることではありません。

このことを踏まえれば、**営業店長が最初に把握すべきは、まずもって事務取扱の実態**ということになります。「面倒くさい」「事務は分からない」などと言って、不明なままとすることは許されません。必要十分な時間を充当し、以下の着眼点等に沿って、営業店長自らが基本事項の理解に向き合ってください。

◎事務取扱水準の把握のポイント

☑主要コンピュータ・システム操作に伴う事務量
- ▶勘定系システム処理件数
- ▶サブ・システム処理件数
- ▶分野・時間等の分布
- ▶エラー率

☑その他機器の利用・稼働・保守管理状況
- ▶ハンディ端末
- ▶（店外設置を含む）ATM
- ▶OCR
- ▶出納機・両替機・札勘機・硬貨巻機
- ▶ファクシミリ・電話

☑機器操作以外の事務量
- ▶伝票・諸届ほかの分量・対応者

●システム・ベースの還元データ等を参照し、傾向値と個別値の双方を考察
●担当者・所管役席者別等の〝人〟の切り口別に、より実態を検証・考察
●異例対応の発生、集中部門への回付実態、受領日時等を検証し事態改善ための仮説を構築

具体的には、まずは平均や同規模程度の店舗と対比した事務量（＝

処理件数）の多寡、月中や一営業日中の処理時間別の繁閑分布などで大まかな動向を把握し、自店の傾向を頭に入れることが肝要です。

その上で、エラーが発生している勘定科目・時期や時間帯・処理担当者を対比し、どのような事象下でオペレーションの誤りが生じているのかを把握・考察します。繁忙時や現担当者の休暇取得時に、同様のオペレーションが実施可能な他の担当者は誰か、何人いるかを把握しておくことも欠かせません。

このような動向把握や考察は、当然ながら勘定系オンライン・システムにとどまらず、サブ・システムや周辺機器の取扱いに対しても実施する必要があります。その一方で、出納機・両替機・札勘機・硬貨巻機などについては、処理担当者が特定されないだけでなく、エラーの記録も残りません。したがって、**複数の実務者から実態を聴取する形で補完的な実態把握を行う**必要もあります。

さらに、事務集中（処理）部門などに回送することが中心となる顧客の身上異動などにまつわる諸届対応事務などについては、営業店での機械操作自体がないものも珍しくありません。しかしながら、「それなので、事務処理の水準を把握することができない」という理屈は、管理者として当然に成り立ちません。

裏返せば、営業店長にはシステム・ベースの還元データを含め、最適な方法で部下行職員の事務処理水準を把握する必要があり、「どのような手法が活用できるのか」自体を体系的に理解する必要もあるのです。

一見すると万能に映るコンピュータ・システムですが、その基本構造は、「（人間が）入力したものを後で参照できる」ことに過ぎません。よって、こうした事務取扱水準の把握にあたっても、「どのような還元データの利用が可能か」を踏まえ、「“手”で補わなければならない事項」の確認を合わせて行うことが欠かせません。

誤解を恐れずに言えば、営業店長の中には、還元資料の閲覧・活用自体に慣れていない方も多いかもしれませんが、これを機に還元資料に慣れることをおすすめしたいと思います。

②事務水準を引き上げるために

以上のように事務取扱いの水準を把握したら、その上で、店全体としての事務水準を引き上げることを考えます。これには、以下の手順で臨むこととなります。

◎堅確な事務処理への水準引上げの手順

ⓐ事務量（自体）の削減によるリスク量全体の圧縮

ⓑ従事する行職員の能力開発による事務処理能力の引上げ

ⓒ投入経営資源（量）の調整による生産性の向上

ⓓ事務取扱実態（＝すなわちⓐ～ⓒの結果）の検証

以下、具体的に説明していきましょう。

ⓐ事務量（自体）の削減

全員営業を実施する目的は、営業店全員の参画による売上げや利益の増大であり、そのためには、取引顧客と取引数を増加させる必要があります。取引顧客や取引数が増えれば、自然と事務量も積み上がります。事務量が増えれば、事務取扱相違ほか、オペレーショナル・リスクもそれに伴って増大します。

こうした背景のもとで、オペレーショナル・リスク量の調整・圧縮を優先するあまり、「所定量を超えたら取引を受け付けない」対応姿勢を示すとしたら、それは本末転倒です。顧客の増加は何より歓迎すべきことであり、それに伴って増大する事務についても、正確・迅速な処理を行うことが、プロフェッショナルとして当然に求められるのです。

一方、多くの顧客の支持を得て取引を増大させても、混雑によって待ち時間の伸長を余儀なくされれば、それ自体は個別顧客の満足度低下要因でしかありません。

「数多くの引合いによって事務量が嵩んだため」という理由は、金融機関側の都合でしかなく、そうした説明を行っても、顧客にとっては言い訳にしか聞こえないことを自戒しなくてはなりません。たとえそうした実態を理解してもらおうとしても、結果的に満足度が低下すれば、競合先等にあっさりと取引を移されかねないのです。

このため実務上では、事務量増大に対して機械的な謝絶や受入停止をもって臨むのではなく、**「事務量を転嫁できる他のサービス形態の紹介・勧奨を行い、そちらへの誘導を図る」**視点も求められます。

例えば、そもそもATMは、テラーや後方事務など内部事務係の業務の一部を代行させるために開発・配置されたものです。開発・普及から日が経つうちにいつしか日常化し、今となってはあまり意識されていないかもしれませんが、その設置や維持管理には、多大な費用が投じ続けられていることを忘れてはなりません。

よって、こうした投資の有効化のためにも、**事務機器の稼働率を引き上げるための対応が不可欠**です。例えば、来店顧客からテラー・カウンターで依頼された事務取扱内容が「ATMでも取り扱える」と判断できた場合には、ただ恭しく受諾・対応するのではなく、ATMへの誘導や利用勧奨を行ったり、取扱方法の説明を行うなどの対応が当然に求められるのです。

こうした話をすると、「ちょうど来店顧客が途切れて応対ができることもあるので」とか「ATM操作を嫌うお客様もいるので」といった「ＡＴＭに誘導しない」理由を述べる人が往々にして見られます。しかし、それらはいずれも誘導を怠る口実に過ぎません。

大部分の金融機関では、こうした際にＡＴＭへの誘導がしやすいよう、窓口処理に比べて、ＡＴＭ利用料金が低価格に設定されているはずです。窓口応対のプロとしては、顧客に「ぜひ使ってみよう」と思わせるような説明対応が求められているのです。

また別の視点では、**給与振込や代金取立なども、処理日までに余裕がある中での提出を依頼し、営業店ではなく事務集中部門で対応できるような調整・交渉を行う**ことも肝要です。

代金取立についても、集中取立が可能な日程と、期近な日程ゆえに個別取立しか取り扱えない日程との間で、手数料に差異を設けていることが一般的です。つまるところ、そうした情報提供や勧奨は、顧客側の支払負担軽減にもつながるのです。よって、これらについても、顧客側に対する積極的な働き掛けが求められます。

次ページに、こうした観点に則った対応の一例を示します。

ⓑ 行職員の事務処理能力の引上げ

自店に所属し、全員営業の担い手となる行職員の実務対応能力を引き上げることで、事務取扱水準も当然に向上します。その際には、担当者のみならず、役席者の事務処理・検証能力についても引上げを図ることが不可欠です。

ⓒ 投入経営資源（量）の調整

“人の手”による処理部分を広範囲に残す金融実務ですから、どれほ

◎営業店での事務量削減のための方策[例]

切り口	削減策
事務自体を滅失させる	▶公共料金の窓口収納を希望する顧客に対し、口座振替(自動振替)扱いへの変更を推奨 ▶定期積金の窓口での収納者に対し、口座振替(自動振替)扱いへの変更を推奨 ▶普通預金の通帳について、通常型通帳からステートメント型通帳への切換えを推奨
「機械対応への転換」を図る	▶キャッシュカード未保有者を抽出し、発行・利用を推奨 ▶振込依頼者に対し、ATMでの振込方法を説明し、振込カードの作成を推奨 ▶(一見顧客ほか)公共料金の窓口での収納を希望する顧客に対し、ATMでのペイジー(Pay-easy)利用法を紹介・推奨 ▶預かり資産の購入希望者に対し、インターネット販売窓口を紹介・推奨 ▶事務取扱目的で定例的に来店される事業者(経理担当者など)に対し、Web-インターネットバンキング取引を紹介・推奨
集中部門に回付する	▶定例の現金持込者に対し、無鑑査集金を紹介・推奨 ▶残高証明書発行依頼の早期受付による集中部門への回付
その他	▶僚店の営業地域内からの来店顧客に対し、利便性向上やオペレーショナル・リスクの圧縮のため、近隣店舗(僚店)への取引移管を推奨 ▶年金支給日(当日)に来店した高齢顧客に対し、待ち時間削減・事務平準化のため他営業日の来店を推奨

ど優れた事務処理能力を持つ行職員であっても、処理できる分量には自ずと限りがあります。また、処理時点の心身の健康状態などにも当然に影響を受けます。よって、「事務処理水準の向上」「求められる水準の維持・安定」を図るためには、処理すべき事務量に見合うだけの経営資源（＝すなわち人員）投入が避けられません。

その一方で、事務量に対比した過剰な投入は“人件費倒れ”の事態を招くだけでなく、適切な経験が与えられないことによるOJT面での損失も小さくありません。さらに、前々項ⓐで示したような、本来ATM誘導を行うべき依頼内容にも、「人繰りに余裕があるから」とテラーが対応する事態（＝余剰投入による人件費の無駄遣い）を招きかねません。

よって営業店長には、**事務量を推計した上で、投入経営資源の調整、すなわち担当者や役席者の投入・引上げを適時適切かつ柔軟に図る対応が求められます**。この際、前項ⓑの能力開発を進めることができれば、経営資源の投入が抑えられるという関係にあります。

人件費管理は、他業態でもきめ細かく・明確に行われています。大手ファーストフードチェーンには、アルバイトを含めた社員の階級を50段階近くまで細かく区分する一方で、「１階級あたり時給10～50円増し／マネージャー自身の２段階昇進時には割当人員１名の削減」といった人員管理を実施しているところもみられます。

ⓓ事務取扱実態の検証

既述の①で示した基礎データの俯瞰・考察に加え、第三者によって、その実態を検証することが有効です。限られた経営資源の有効活用を踏まえれば、**店内検査を実施する際に、その中の一分野として対応する**ことなどが現実的でしょう。

その一方で、多忙な営業店の毎日の中で実施される店内検査には、

「(ただ) やって主管部門に報告しておけばよい」という弛緩した事象も珍しくありません。これでは、不正行為や不適切な事務取扱実態を捕捉できないだけでなく、従事・担当している行職員の実際の事務取扱水準も十分に検証できないことは言うまでもありません。

店内検査を実施する分野・項目には、各々「毎月（必ず)」や「四半期ごと（四半期末までに一回)」等の実施頻度が設定されています。これらを踏まえれば、実施頻度と対比させながら、毎月の検査実施時に注視すべき対象を絞り込んでいくことが現実的と考えられます。

例えば、「今月の検査注視対象は為替の当日発信扱いと融資の条件変更契約書」「来月は四半期に一度の投資信託フォローへの検査があるので併せて検査注視対象に」といったようにです。

実施時には、単なる“間違い探し”作業に終わることなく、**対象者や想定される状況に合わせたエラー実績（誤りのパターンなど）を鑑みて傾向を分析・考察し、能力開発や投入経営資源の調整に活用すべきです**。それには、相当の洞察力が必要となるでしょう。

店内検査には、それを通じて行職員の能力開発が図れるという副次的効果も期待できます。すなわち、OJTの機会にもなり得るということです。

「次回の店内検査で、事業性融資分野の検査官を担ってもらう予定なので、必要十分な関係ルールを参照しておくなど事前学習を」「前回の内部監査部門による監査報告書を“店内検査員の目線”でもう一度眺めてみると、別の印象を持つ可能性があるよ」等の事前予告や助言によって、行職員の自己啓発を推奨することも一案となるでしょう。

◆4　二番目の把握対象は行職員の保有能力と適性

①どのように把握するか

金融商品・サービスは、契約書など所定の書類の締結・授受やコンピュータ・システムへの入力のほか、多種・多層階の事務手続きを経た上で顧客に提供されます。こうした事務は、すべて何らかの必要性に沿って処理が求められているものです。したがって、全体のうちのどこか一部にでも誤りや漏れがあれば、顧客への商品・サービスの提供に支障を来すことになります。

このため、事務処理を担当する行職員には、これらを押しなべて理解し、正確に処理する発揮能力が求められます。全員営業である以上、対象者は営業店の行職員全員であり、当然ながら職位や年次を問いません。顧客に向き合う実務上では、肩書きではなく「実際にできるか・できないのか」だけが問われることになるのです。

顧客から見れば、ベテランか新人かを問わず「銀行（信用金庫）の人は皆、金融のプロフェッショナルであり、実務に精通している（はずだ)」という期待値をもって接してきます。そうした期待値に応えられなければ、即座に信頼や信用の失墜につながります。

よって、部下行職員の実務対応能力の把握は、「２つ前の所属店舗で渉外を経験したようなことを言っていたので、預かり資産はできるはず」「個人向け融資の本質は変わらないので、分かっているはずだから『対応可能』と解釈しよう」等の大括りで曖昧な把握では意味がありません。全員を対象として、詳細な水準での把握が求められるのです。

「ベテランだから知っているだろう」「あまり追求しても人間関係を悪化させかねない」等の内部に向けた配慮は、顧客目線を欠きかねないと自戒してください。

現実的な手段としては、**内部の規程や事務取扱要領などの基本ルールの目次に沿った形での「上席者との“能力棚卸し”」**が一案となります。

相対的に手続きが複雑な融資業務を例に説明しましょう。

各金融機関では、融資について各種の基本ルールが設定されており、下表のような目次が掲載されているのではないかと思います。

◎基本ルールに則った“能力棚卸し”に利用する基本ルールの例

表では「1　基本の遵守（10頁）」から順に細目に網（色塗り）をかけましたが、こうした細目程度の単位に沿って、上席者（＝役席者等）が下位者（＝一般行職員等）に現在の保有能力を確認していくことが一つのやり方です。

以下に、その際のやり取りの例を挙げておきます。

（1）基本的なルールの中核部分

上席者　「（目次を指差しながら）46頁の「担保の評価」だけど、ウチの基本的なルールは一言で言えばどんな考え方になっているか消化できているかな？　大まかなところで構わないんで、中身を見ずに自分の言葉で言ってみてくれる？」

下位者　（返答）

上席者　「（返答内容のうち不明な部分をさらに照会）ん？　担保は別に不動産だけじゃないはずだけど、それ以外についての考え方はどうなっていたかな？」

（2）具体的な事務処理内容

上席者　「担保評価の実務に、自身で担当者として向き合った経験はある？　やったことがあるなら、それはいつ頃のどんな案件かな？」

下位者　（返答）

上位者　「（返答内容のうち不明な部分をさらに照会）それは、端末処理だけ？　それとも実地検証や周辺価格の時価調査まで自分でやったのかな？」

（3）法律・制度・事務機器などの変更・変遷

上席者　「担保の評価に関連して、最近の法律・制度の変更の影響を受けるところや、ウチのシステム更改なんかに該当したところについてはどう理解しているかな？」

下位者　（返答）

上位者　「（返答内容のうち不明な部分をさらに照会）更改後の不動産担保評価システムについては、実際に何件くらい入力処理した経験があるの？」

（4）不明・不安箇所

上位者　「（「9　日常の担保管理（54頁）」までの聴取を終えて）ここまでが『Ⅰ　基本原則』だけど、この範囲について実際に向き合うときに『実は分からない』と思っているところや、『正直言って不安』と思っているところはある？　さっきまでの説明とダブっても構わないので、『どことどこのどの辺り』って聞かせてくれない？」

例として融資を取り扱いましたが、融資業務の経験を全く有さないような行職員に対しては、当然に別分野から取り組む流れとなるでしょう。

他方、近時の融資業務はかなりの部分をコンピュータ・システム化しており、いわゆる事務職などに属する行職員や、パート等の時短・有期雇用者にもその一部を担ってもらう形も珍しくありません。また、こうした職種の人事異動も高頻度で実施されるようになってきており、前職で様々な経験をしている事例もみられます。このため、**先入観にとらわれることなく、幅広い分野に対して能力把握を行い、その活用を図る視点が求められます**。

実際の対象分野は融資だけではなく、対象者も原則として自店の行職員全員となるため、実施にはかなりの負担を余儀なくされます。しかしながら、こうした作業は全員営業の必要条件となるため、避けられないものと考えてください。裏返せば、対応時間を捻出するための創意工夫が避けられないとも言えるでしょう。

実施の頻度は、ⓐ年次もしくは半期次程度の定例的な実施・更新に加え、ⓑ（新入行職員を除きパート・派遣等の有期雇用者を含む）人事異動による配属時にも適時実施するくらいが現実的でしょう。

対象者の順序は、下表のように、**上席者から始めて、担当者へと進んでいく**のがよいと思われます。

◎上席者との“能力棚卸し”の実施順

①営業店長 ⇒ 次席者 **⬅ 一番最初に実施する！**

②営業店長もしくは次長 ⇒ ［融資窓口・内部事務・渉外の］
［※同席対応も一案］ 三役席者

③次席者もしくは三役席者 ⇒ 担当者

というのも、「業務に従事させている担当者の能力はどの程度か」という能力把握は、管理業務の一端にも該当するからです。したがって、管理職としては避けられないはずの業務です。そうした管理を行う上では、自身が対象となる業務を理解している必要があり、そうでなければ担当者の能力を推し量ることもできません。このため、**まずは管理者の最上位に位置する次席者の能力を把握することが肝要**なのです。

言うまでもないことですが、上席者自身が不明・不安な箇所を残す分野については、下位者への質問の際にも、その切れ味や深度が自ずと鈍化・浅薄化します。よって、（融資窓口・内部事務・渉外の）三役席者以下に対する“能力棚卸し”の場合にも、質問者の能力を踏まえ、不明・不安な箇所を残す分野については、その業務に精通した者に補完させる形態が現実的となるでしょう。

繰り返しになりますが、“棚卸し”にあたっては、「何となく」「おそらく」「たぶん」といった曖昧な表現を許したり、雰囲気に流されることがあってはなりません。

経験時期や（総）処理量、さらには失敗を通じて得た経験値を含めた知見、当時の上席者からの注意喚起、その後の（OJTを含めた）自己啓発実態等に言及することも一案となるでしょう。

“棚卸し”での下位者との質問・回答のやり取りを通じ、質問者の能力開発も見込めるため、**営業店長一人で抱え込むことなく、次席者や役席者にも質問者を委ねていく**べきでしょう。

ここまで保有能力について触れてきましたが、実際の全員営業実施時には「対応可能な行職員のうち、誰を充当するか」の判断が求められることとなります。

この際の判断根拠の一つが、業務に対する適性です。**営業店長をはじめとする管理者には、担当者のこうした適性を見極める眼力も求められます**。117～118ページでみたヒアリング事項に「不明・不安箇所」を含めているのはこのためであり、自己認識への返答を通じた心理の深層部分をうかがう対応が求められます。

不明箇所や不安箇所を多く残す業務に苦手意識を持つのは、ごく自然なことです。「相応の知識・経験を保有する中で、どのような意識をもって業務に臨んでいるか」「今後の取組意欲はどの程度うかがえるか」等を注意深く観察・考察しながらの判断が求められるでしょう。

そうしたことすべてが、全員営業の活性化の基礎データとなると認識してください。

②事務水準を引き上げるために

①で把握した保有能力・適性の実態は、当然に引上げを図る必要があります。各々の保有能力が拡大・拡充すれば、各自にとって「仕事ができる」状態になり、業績伸張だけでなく、対象者にも昇給昇格等のメリットをもたらすことが見込まれます。

事務の対応可能範囲が広がれば、それはそのまま、全員営業を実施する際にカバーできる業務範囲が広がることにつながり、全員営業体制も柔軟かつ機動的に運用できるようになります。

そうした状態になることを目指し、自店の行職員全員が、目的意識をもって、自ら能力開発に向き合ってくれれば、何も言うことはありません。しかしながら、それは現実には夢物語でしょう。**店としての事務水準の向上は、やはり営業店長が主導し、計画的に進めていかなくてはなりません。**

その際のポイントを以下に示します。

（ア）具体的な対象や手法に踏み込むこと

「ここここの知識が無いようなので修得しておいて」「やり方は自分で工夫して」だけでは、計画的な進捗は図れません。よって、上席者との面談機会を設定し、次のような点に踏み込んだ対応が求められます。

◎具体的な対象・手法に踏み込んだ能力開発

☑**対象業務の理解・修得にあたって特に留意すべき事項の解説**

▶「件数が多い/間違えやすい」など実際の傾向を解説

☑**OJTによる能力開発機会の設定**

▶役席者ほか能力開発を補助・補佐する関与者も交えた具体的な機会を協議・提供

☑**参考文献の具体的提示**

▶「参照すべき一方で対象から漏れがちな内部ルール」「内部ルール以外の有益な参考文献」などを紹介

☑**修得状況の確認方法の事前通知**

▶修得状況の確認方法をあらかじめ通知し対応準備を指示

(イ)目標管理等への反映

事務水準の引上げを促進するためには、自主的な目標に留めるのでなく、それを正式な業務の一環として位置づけることが有効です。それには、人事部門等が制定した(「目標設定シート」「チャレンジ・シート」「能力開発管理票」などの名称が付けられた)**内部の正式な様式に落とし込む**ことが一案となります。

この際には、次ページの図表に挙げた点にも留意することが、一層の成果をもたらすでしょう。

当然のことながら、「目標設定シート」等の様式への落し込みを「仏作って魂入れず」の事態としないためには、対象者自身の意欲を掻き立てる内容を記載させるよう導かなければなりません。着眼点のひとつは、**「金融機関にとって必要」だけでなく「対象者自身にとって非常に有効」な内容であることを理解させ、たとえ綺麗にまとまっ**

◎目標管理様式への記載にあたっての留意点

切り口	留意点
主題・対象	▶（基本ルール上に記載された）「細目」程度の単位に沿って、大まかでなく「そのうちのどの部分・分野を行うか」の記載を行う ▶回り道や二度手間によって能力開発が遅れることは、全員営業にとって大きな損失となることを意識し、修得の順位を考慮する。（例：甲⇒乙の順での修得はやさしいが、乙⇒甲の順は難解となりかねないといった場合には、全体の俯瞰・調整を行う）
実績	▶「どの立場・役割で」など、OJTと同調できるようにする ▶「事務処理／獲得件数」など可能な限り数値を導入することにより、具体的な検証が容易に実施できるようにする
期限	▶管理様式の期限（例：半期ごとの設定であれば９月末もしくは３月末）に合わせて一律に設定するのではなく、階段状に細かく期限を設ける

ていなくても、対象者自身の言葉で記載させることが挙げられるでしょう。納得感の醸成は何よりも重要であることを改めて認識するようにしてください。

したがって、目標ができ上がってからではなく、策定段階から積極的に対象者に助言・示唆を与えることも効果的です。後述する営業店長との面談時に、対象者の目標設定内容に直接言及し、**「成果・能力開発を期待している」旨を明言することで対象者に奮起を促す**ことも一案となるでしょう。

◆5　最後の把握対象は行職員の希望

第２章でも述べたとおり、（発揮）能力は、「知識」と「意欲」にベクトル分解が可能です。このため、部下行職員の意欲に着目し、個別に引上げ策を講じることが必要となります。そしてその際の着眼点の一つに、個々人の希望を踏まえた業務配属があります。

有り体に言えば、**ⓐ現在勤務する営業店で、自分が就きたい・担当したい業務・職種、ⓑ近未来に異動したい部店（配属希望先）を聴取した上で、現在の活動がⓐⓑへとつながるように配慮する**ことが、現行業務への取組意欲向上の一助になるということです。

そしてその前提として、営業店長のみならず直属の役席者が、ⓐⓑに関する情報をある程度理解・把握し、適切な指導・示唆が行えるよう準備しておく必要があります。**定期的に行われているであろう行職員との面談の場を利用して、行職員の希望を把握しておく**ようにしましょう。

通常、行職員が配置部署等の希望を自己申告する機会としては、「年に１～２回程度の営業店長との１対１の面談」が制度として設定されていることが一般的です。しかしながら、若年層であれば資格試験・通信教育の動向や内外研修の受講機会などが、１営業年度の間にも、高頻度でもたらされます。

また、ベテラン層であれば、親族の介護や子女の就学などに応じて、セカンド・キャリアをめぐる希望等に変化がもたらされることも珍しくありません。そうした個々人の意向以外にも、現在の一般的な金融機関では、年度を通じた人事異動が実施され、店舗の配属人員や担当業務変更を余儀なくされ続けているという実態もみられます。

この一方で、改まった形での１対１の面談は、当事者双方にとって

「気恥ずかしい」「億劫」な印象を与えがちです。部下行職員にしてみれば、「お叱りを受けかねない」「できれば避けたい」という思いを持つことも珍しくありません。

このため実務的には、営業店長側から、「近未来の配属希望に関する聴取や業務適性を見極めるための面談である」「こちらからの一方的に聴取するだけでなく、みんなからの意見や質問も聴きたいから、『こういうことを聴いてもよいものか？』と思っていたようなことも躊躇せず尋ねてほしい」ことを事前に告知することも一案となるでしょう。

その上で、人事考課規程に定められた面談に数回の上乗せを行い、“ものを言える環境”や“話を聴いてくれる営業店長”という空気を浸透させることが有効です。

ただ、一方で、営業店長自身の繁忙なスケジュールを踏まえれば、追加分の面談は、必ずしも営業店長が行うことに拘る必要はありません。例えば、担当者（いわゆるヒラ行職員）にまつわる配属希望聴取であれば、役席者でも次席者でも相応に有効です。

そうした際には、役席者や次席者等による面談・把握に先立って、当事者（担当者）に対し、㋐役席者や次席者によって聴取・把握を行うこと、㋑営業店長によって行う（制度上の）聴取内容の一部に該当する「希望・適性」等の情報を面談者となる役席者や次席者に還元・共有すること、の事前了解を、絶対に威圧・強制することなく取り付けることが必要です。当事者（担当者）が少しでも表情を曇らせた場合には、そうした取扱い自体を休止し、営業店長自身が向き合わなくてはならないと自戒願います。

実施時には、当事者（担当者）のプライバシーに配慮するため、１対１形態を担保する旨を説明しておくことも欠かせません。

ただし、この面談の実務上の“手綱捌き”には役席者間に相当な差異が認められますので、役席者によっては逆効果をもたらしかねません。

したがって営業店長には、日常の業務遂行状況を見ながら、その実態を把握し、**役席者自身との面談時等にこうした“捌き”能力を検証する**視点も欠かせません。

仕事への意欲が沸き立つ職場環境を整備する

◆1　意識・理解すべきこと

改めて言うまでもなく、営業店に行職員を配属させる主目的は、顧客に金融商品・サービスを提供させることにあります。このため当然のこととなりますが、行職員が連携・協調する理由も金融商品・サービスを提供・販売するためであり、そのためにこそ、最適な連携・協調が求められているわけです。

その一方で「人の手」による作業を多大に残す金融実務ですので、従事する当事者の意欲の高低に、販売成果は極めて大きく左右されます。それは、連携・協調にも及びます。したがって、これまでも述べてきたことですが、**営業店長には「行職員の仕事への取組意欲が沸き立つ」ように全体を導く視点が求められます**。

行職員の仕事への取組意欲を高めるには、その心の在り様に着目し、管理・調整を図る視点も有効です。その際には、次ページの図表にあるように**二階層での対応**を意識すべきです。すなわち、**ⓐ個々人への個別具体的な事象に沿った働き掛けと、ⓑ職場全体としての意欲を高めるための環境の整備と全体調整**です。

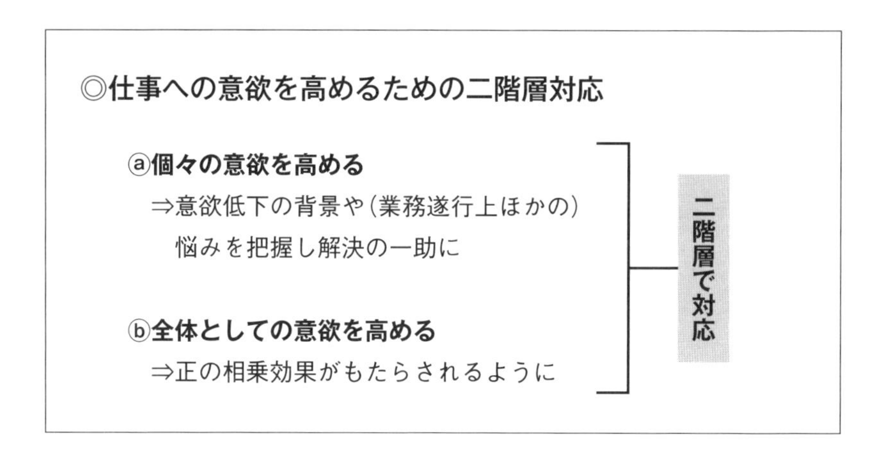

本項では、後者ⓑについて述べますが、一番大事な主題は職場全体を「意欲がわく」形に整えることです。個々人でなく職場全体の単位で「意欲がわく」体制とするためには、全体での目標や編成（フォーメーション）が腹落ちし、職場全体の目標達成を個々人の単位までが喜び合う職場環境の形成が欠かせません。

そのためには、行職員相互が単純に競い合う関係ではなく、人間的にも仲の良い関係を築く必要があります。有り体に言えば、営業店長をはじめとする管理職側には「職場全体の雰囲気を良くする」対応と、それに正面から向き合う姿勢が求められるのです。

常に、「どうすれば職場の雰囲気が良くなるのか」を模索し、創意工夫し続けなければならないことを理解してください。

◆2　最初の実施事項は重要事項の共有

①なぜ必要か

“環境の良い職場”とは、お互いを思いやれる職場に他なりません。それゆえに、お互いを思いやるためにも、**お互いに仕事の中身を知り**

合うことが必要になります。

また、職場である以上、具体的な仕事上の補完をお互いに行う必要があります。したがって、環境の改善すなわち「職場の環境を良くする」ためには、まずもって重要事項の共有が求められます。

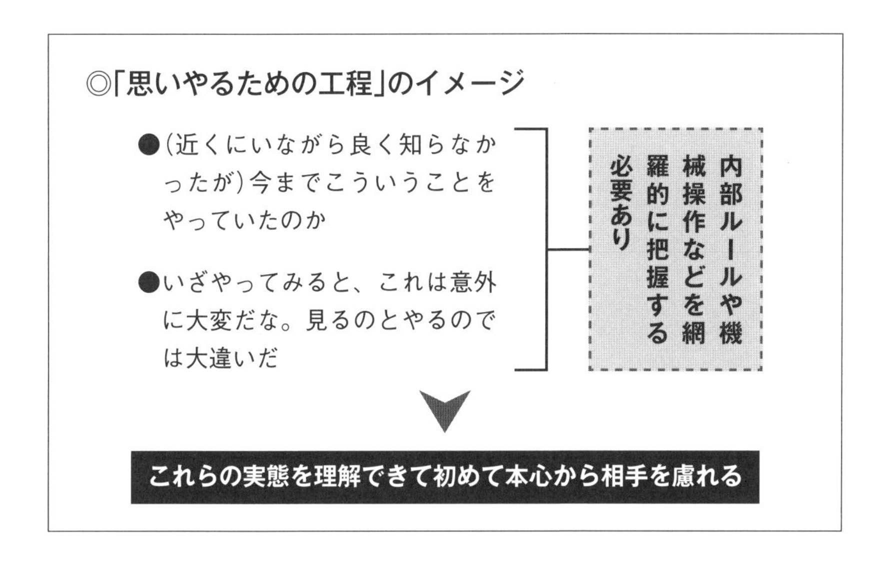

②具体的実施内容

店の立地や本部から指示される施策の優先順位などによって詳細部分は異なるものの、店内の行職員の間で共有すべき具体的な重要事項としては、次ページの図表にあるような内容が挙げられるでしょう。

共有すべき重要事項として「顧客の氏名」までが挙げられていることについては、「おやっ？」という違和感を持たれた方がいらっしゃったかもしれません。中には、「顧客の情報を必要以上にさらけ出すのはまずいのではないか」と考えられた方もいらっしゃったでしょうか。しかしながら、**「注意を要すべき顧客の氏名・理由」は、間違い**

◎環境改善のため共有すべき重要事項[例]

▶商品・サービスの紹介・セールス時に特に留意が求められる具体的着眼点・注意事項
▶［僚店・他金融機関を含む］過去に発生した苦情・トラブル事象と現在の部店の該当顧客
▶仕掛中・逡巡途上・質問や依頼が寄せられている最中など、注意を要すべき(団体等を含む)**顧客の氏名**・その理由・応対時の留意事項
▶緊急事態発生時の対応手順

●担当する〝係〟や〝課〟を跨ぎ、お互いがお互いに
●ごく簡単に要点を伝えることで重要事項授受の負担を軽く

なく共有が避けられない重要事項の一つに該当すると考えます。

それと言うのも、法律的に顧客との関係というのは、法人としての金融機関（全体）と顧客が、各種の契約などを締結している建付けだからです。このため、いわゆる守秘義務も「顧客 ― 法人としての金融機関（全体)」で成り立っています。顧客は、あくまで法人としての金融機関（全体）との間で各種の契約を締結している建付けであり、特定の担当者・係・課との間で締結しているわけではありません。[※ここでは、いわゆるファイアウォール・チャイニーズウォールやインサイダー情報、さらには（一部の）行職員個人との秘密保持契約などは対象外として捉えています。]

内部ルールの設定状況をとりあえず横に置くとすれば、入手した顧客情報を金融機関内で共有することについては、法や契約に直接に抵触・違反するものではありません。誤解されがちですが、センシティ

ブ情報ほか入手・保有自体が禁じられている内容については、金融機関全体として保有が規制・制限されています。このため、「一部の行職員だけが参照できる」という状態自体が起こり得ません。(なお、これに準ずる取扱いとして、融資先個人や法人融資先代表者が重篤な病気に罹患した情報等については、アクセス権限者を最小限に絞る配慮が求められます。他方、それ以外に制限はありません。）これらの混同がないように注意願います。

本来、顧客側に氏名・住所など属性情報の提出を求めたり、事業を営む顧客から業況などを聴取するのは、顧客に金融機能を提供するためです。顧客への金融機能提供にあたって把握した情報を活用するのは、本来的な行動目的であり、顧客はそうした目的に同意したからこそ各種の情報提供に同意したのです。

つまるところ「外部に漏洩させないこと」を重視するあまり、把握した情報の活用に必要以上に制限を加えるのは本末転倒であり、本来的に求められる水準を超えた対応です。そうした観点に必要以上に囚われていては、顧客に対する各種商品・サービスの提供にも支障をもたらしかねないことに注意してください。

もちろん、例えば保険の販売では、弊害防止措置に留意しなければならないといったことはあります。しかしながら、そもそも、活用しない情報を把握する必要はないのです。

金融機関を問わず、総じて保守的な企業風土の下では、「とりあえず伏せておく」「まずは隠しておこう」という思考・行動を招きがちです。

本来、管理職側には、リスク・リターンとその調整（コントロール）が普遍的に求められます。そうした中では、「どこまでなら・どのような形であれば店内で公開・共有が図れるか」の現実対応が問われると認識しておく必要があるでしょう。

◆3 次の実施事項は“成功体験”の付与

①なぜ必要か

全体として「意欲が沸き立つ」一方で「お互いを思い遣れる」職場とするためには、行職員各々が意欲に溢れるだけでなく、競うように他者に働き掛け合う状況をつくることが有効です。これは、単純に競い合わせるわけではないことに注意してください。

具体的に言えば、**同僚や先輩・後輩の意欲をさらに高めるような会話や行動を、日常的に行う状況をつくる**ということです。顧客と応対中の同僚について、「うまく行くと私もうれしい」とお互い考えられる関係になると言えば、分かりやすいでしょうか。

そう考えられるようになるには、同僚（すなわち他者）の喜びを自分自身の喜びとして捉えることのできる皮膚感覚や感受性がなければなりません。

そのための必要条件は、行職員一人ひとりが自分自身についての「成功体験の“味”を知る」ことです。自分自身がその“味”を知らなければ、仲間の成功を喜ぶことも、成功に向けて仲間を励ますことも、心の底からはできません。このため営業店長としては、まずは店の行職員に成功体験をもたらすことが肝要です。

成功体験の中身にもさまざまな内容がありますが、全員営業を念頭に置けば、最重要分野は、満足度や売上・利益に直結する顧客からの評価になるでしょう。行職員全員に、何らかの形で**「顧客から評価を得た」、すなわち褒められたり感謝されたりした体験を持たせる**ことが重要になります。営業店長には、それを促す役目が求められていると言えるでしょう。

②具体的実施内容の例

自店の行職員全員に「顧客に評価された」成功体験を持たせるためには、ひと工夫が必要です。着眼点としては、ⓐ顧客に対する情報提供の源泉となる事前知識をどう与えるか、ⓑ顧客との具体的な接触機会をどう与えるか、の2つの点が重要になります。

その一方で、金融機関がなお多数ひしめき合い、お互いが優良顧客等から「顧客から評価されたい」と願って競争し合っているわけですから、評価してもらうことはそう簡単ではありません。端的に言えば、相応の事前準備を行わない限り、そうした評価を受けることは難しいでしょう。

また、“経済の血液”である金融機能の担い手である金融機関には、循環対象となる取引顧客を広げていく姿勢が恒常的に求められます。顧客層が広がれば、それだけ接触した行職員が評価される余地や可能性も広がるはずです。したがって、特定の顧客の満足度だけに留意するのではなく、数多くの顧客との接触機会をいかに巧みに・効率的に設定するかもプロフェショナルとして求められるのです。そうしたことも、成功体験を得るために欠かせません。

営業店長には、上席者・先輩行職員から、準備や機会設定を含めた成功体験を積極的に還元させ、他の行職員がそれをまねた上で自分なりの工夫を加える活動を推奨する役割が求められます。

こうした活動を日常的に行わせるためには、敷居を下げ、誰にでも取り組みやすい手法を広めることが肝要です。比較的実施しやすい手段には、次席者・三役席・主任などの「過去の成功体験」をなぞらせる施策が挙げられます。

具体的には、「顧客に対し、こんなことをしたら（話したら)、こんなふうに感謝された（喜ばれた)」という経験を紹介し、その模倣を

◎「顧客に評価される」成功体験を得るために［例示］

既往実施・体験者からの還元
●過去に実施して喜ばれたこと
●過去に実施して感謝されたこと
●過去に実施して褒められたこと

「どのような事象に対してどのような方策が有効か」を修得させて顧客の面前へ

実施当初は「なぞらせた形」での模倣を推奨

顧客との接触機会を（半ば強引にも）設定し、否応無しに向き合わざるを得ない形に

自分なりの創意工夫（＋α）の模索を推奨

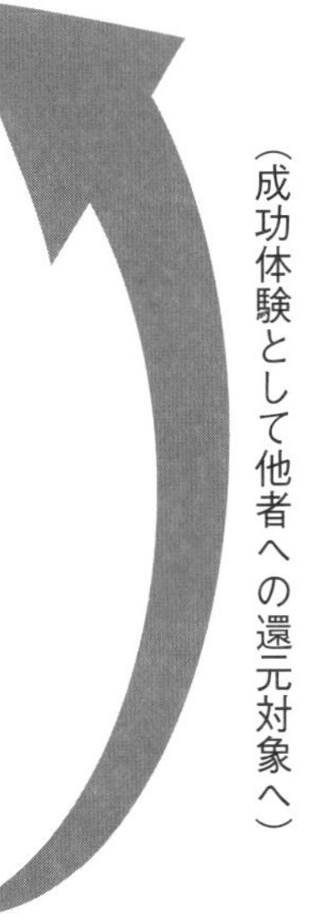

すすめるのです。

紹介する側の「大した成功体験がない」「自慢していると思われたくない」等の思いがブレーキとなることは想像に難くありませんが、成功体験者の気恥ずかしさを取り払うことも、営業店長の仕事の一つです。

なお、この際、仕事の枠組みの延長線上だけで捉えてしまい、成功体験の還元が「融資窓口担当者 ― 融資窓口役席」あるいは「渉外担当者 ― 渉外役席」など、直属の上下関係だけにとどまらないように注意します。そこにとどまっては、非常にもったいないからです。**「融資担当者 ― 内部事務担当役席」「渉外担当者 ― 融資窓口担当役席」のように、係を跨いだ関係でも、積極的な還元を促すべき**です。

実務上では、「説明する・聴く」対応にも時間すなわち費用を要することとなるため、それをいかに効率的に実施するか、の視点も求められます。

「業務上の（経験値ほか）知見は誰が誰に照会しても構わない」という内部ルールを設定し、営業店長自ら明言することも有効です。また、朝礼等の時間に、「２分で解説するこれまでの成功体験」といったスピーチや、「今困っていることの“ひとこと照会”」といったミニイベントを行うことも一案となるでしょう。

理屈を学習するよりも先に、**「まねさせることで喜んでもらう」「こうすれば喜ばれることが分かった」体験を積み重ねさせ、そうした中で自身としての手順（メソッド）を築き上げることが肝要**です。逆説的には、しくじりを紹介するテレビ番組のように、失敗事例をあえて紹介し「そうならないようにするには」を推奨することも有効になるでしょう。

これらの結果、顧客側の評価を相応に得られ、満足度を高められた場合でも、残念ながら当事者である行職員までは伝わらない可能性も念頭に置く必要もあります。総じて内気なわが国の国民性を踏まえれば、喜びや感謝を必ずしも率直に伝えてくれる顧客ばかりではないためです。むしろ、「人を介して喜びや感謝を伝える」顧客の比率の方が高いと言えるでしょう。

このため、営業店長や次席者には、必要に応じて**“顧客の声”すなわち評価を伝達・仲介する**役割も求められます。ざっくりとした全体的な感想だけでなく、「良かった点」「修正されていた事項」等を顧客から直接・間接に聴取し、実施者に還元することで、成功体験を実感させるのです。

このような「顧客からの“(評価の) 声”」を得ることが、同僚や後輩に対する「こうすると喜ばれるよ！」「感謝されるよ！」「褒められるよ！」といった言葉を引き出します。そうしたことをお互いに出し合う・示し合うことこそが職場環境を活性化させるのです。
「係が皆、若手ばかり」といった環境の場合には、そこに至る前の段階として、ⓐ知識の修得や訓練の過程自体を、他者に聞こえるように賞賛する、ⓑ顧客来店時の面談の様子や顧客との電話応対時などの創意工夫を、他者に聞こえるように賞賛する、などの“内部での評価”を行って弾みをつけることも一案となるでしょう。

そうした内部での小さな成功体験であっても、それが「“自動車教習所内”における運転で身に付けた自分なりのコツ」として認識できれば、その後の“路上運転”つまりは業務上の成長を後押しすることになるからです。

◆4　最後の実施事項は“相互理解”の推進

①なぜ必要か

金融機関が顧客に提供する金融商品・サービスは、種類・段階・工程などに応じて取扱部店や担当者を分けることが一般的になっています。個人向けローンの新商品の提供開始を例としても、次ページの図表のような分担が行われていることは珍しくありません。若年層や事務職の行職員などには、こうした事実が必要十分に伝わっていないこともありますので、必要に応じて改めて周知することが必要でしょう。

◎“繋ぎ目”だらけの商品提供

業務種類	主要担当部門
商品設計	業務推進部門
システム開発	システム部門
マニュアル作成	業務推進部門
告知用ホームページ作成・更新	広報部門
パンフレット作成・更新	業務推進部門
電子メールによる告知	事務部門
新聞へのパンフレットの折込み	業務推進部門
パンフレットの配布	営業店（渉外・融資窓口など）
電話による問合せ受付	事務部門
利用者配布用粗品の発注	業務推進部門
店舗での事務対応説明	事務部門
申込書の登録	営業店（融資窓口など） または事務部門
実行後の確認	営業店（渉外・融資窓口など）
「利用者の声」の収集	営業店（渉外など）

金融商品・サービスには、他の商品やサービスとつながりを持つものも少なくありません。例えば融資の実行は預金口座を介する送金形態をもって行われますし、投資信託の分配金も普通預金口座を介して受け取ることが可能です。

その一方で、そうした商品・サービスを利用する顧客は同一です。このため、単一の商品を利用しながらも、複数の部店や異なる担当者と、同時並行的にやり取りすることが珍しくありません。このため、部店や係などを跨いだ文字どおりの連携・協働が欠かせません。

そしてこうした金融機関の協働体制は、例えばその一連の工程の中のどこか１か所に対応の不備があった場合でも、金融機関全体への苦情につながる事態を生み出します。さらに問題なのは、こうした苦情等の大部分が顧客接点の最前線である営業店に対してもたらされることです。苦情受付時には、「それは本部側がやったこと」「当店には無関係」の意識が生じがちですが、そうした意識をもって顧客に接すれば、あっという間に見抜かれることに注意しなければなりません。

したがって本質的には、他の部店とも相互理解を促進させる必要があります。たとえ「電話でしか話したことがない」行職員であっても、同一金融機関で同様に顧客サービスを提供しているという協働意識の下で、わずかな時間の中でも理解のために歩み寄る対応が求められます。

話がそれましたが、主題を本書の趣旨に沿って営業店内のことに収束させても、**連携・協働の促進には、人間関係の良好化・円滑化が常に避けられない**ことに例外はありません。そのためには、相互理解を促進させる以外にはありません。よって営業店長ほか管理職側には、これらを計画的に実施させる視点も求められます。

②具体的実施内容の例

相互理解には、お互いに時間を割いてコミュニケーションをとる方法が有効、というよりも、それ以外の方策はありません。

その一方で、話し合ったり理解し合ったりするのに要している時間にも、人件費や光熱費が漏れなくかかっています。そう考えれば、相互理解のために、業務時間中、特別な時間を設けることは事実上不可能です。

また、「話しやすい」「年齢が近い」「気が合う」等の心情の下で、

◎相互理解のためのコミュニケーション促進の工夫(例)

コミュニケーションの方法	ままみられる課題・問題点		対応策
(わざわざ時間を設定する形で)双方が時間を割いて場を設ける	「時間の充当=費用の発生」の事態に	➤	●昼食時間等を活用 ●ひと言ずつでもOK
休憩時間や宴席等でのコミュニケーション	(楽なため)ついつい同じ組合せとなり、集団化を招くことに	➤	●配置換え実施 ●休憩順・宴席配置等の乱数化
業務上の協力・尽力に謝意を述べる・述べ合う	「照れ臭い⇔督促しづらい」中で“感謝されて当然”化したり、逆に不満の発生も	➤	●上席者が率先垂範で感謝の言葉を言う ●第三者の督促

ついつい同じ相手とばかり話し、「同じ店にいるのに、気がついたら何か月も挨拶以外はしていない」相手ができてしまう事象などもままみられます。

こうした「コミュニケーションがうまくいかない理由」を挙げることは簡単ですが、そうしたことを列挙するばかりでは、結局、コミュニケーションの充実は図れないことになります。営業店長としては、いかに費用を掛けずに、有効なコミュニケーション機会を設定できるかが問われているのです。

「同じ相手とばかり話す」ことへの対策として、**休憩ローテーション**

の変更による昼食時間の活用や、事務机・会食時の着席位置の変更などは、当然に実施すべき事項であると言えるでしょう。たとえ相互理解のための話合いであっても、とにかく時間をかければよいというわけでもありません。相互理解の場をつくるためには、費用や効果を勘案した創意工夫が当然に求められるのです。

そう考えれば、たとえ一言であっても、他者や他部店の協力に対して「声に出してお礼を述べる」行動は実に合理的です。やり取りの時間もごくわずかで済むからです。**営業店長から率先して、短時間・高頻度の声掛けを行うことも有効**です。

筆者は時折、テラーなどの窓口実務能力向上にご協力させていただく機会を頂戴しており、その際には「話題に窮したらお礼で繋ぐ」「お礼は何度言ってもよい」旨を紹介しています。お礼されて嫌な感情を持つ顧客はごく少数であるためです。

金融機関の行職員は顧客に対し事務処理を当然の如く求める一方で、お礼や感謝の言葉を発する機会や回数は、異業種と比べても決して多くありません。

これらの改善を図る意味でも、まずは店内において、**部下や若年層・後輩の行職員に手伝ってもらった上位者が率先してお礼を言い、お礼を言わない行職員に対しては注意を喚起する**ようにしたいものです。

本店営業部など比較的大きな組織に所属している場合には、お礼の範囲を同一の係や課、自身の周囲などだけにとどめている事象も散見されます。こうした際の「人数が多いので」という理由付けは、やらないための言い訳に過ぎません。

全員営業を推進する以上、組織の規模や人数を問わず、人間関係の良好化・円滑化を図ることはプロフェッショナルとして当然です。大

◎お礼を言う場面はそこかしこにある！

- ▶清掃
- ▶来客時の給茶
- ▶外出・一時離席中の電話応対受付・記録
- ▶出張・研修・休暇取得等に伴う不在対応
- ▶伝票ほか重要書類の端末入力・再鑑・綴込製本
- ▶[忘れ物・服装の乱れなど]気付かなかった有益な助言・示唆
- ▶[来店動向・店外での言動など]顧客情報の還元

「やってもらって当然」という慢心はないか？

きな組織に所属していることで、他者が協力・尽力してくれたことの価値が相対的に低下するわけでもありません。よって、**朝礼・夕礼・出退勤時の挨拶等の機会を有効活用しながら、積極的にお礼を言い合う環境を形成することが有効です**。

本部とのやり取りの際にも、協力に対して先んじてお礼を伝えていくよう推奨することが一案となるでしょう。

3 営業店内の物理的な環境改善

◆1　動きやすく、できるだけ移動しなくてすむ環境に

最初に結論めいたことを書きますが、**金融機関の営業店で物理的環境の見直し余地のないところは、ほとんどない**と考えます。

読者の皆さんもよくご存知のとおり、金融実務では、数多くの顧客から寄せられる多種多様なニーズに沿って、同時並行的に「現金や帳票などを事務機器にくべる」やり取りを余儀なくされます。その上で、最終的に現金・伝票などを金庫室や事務部門ほか所定の場所に漏れなく格納したり送付する対応が求められます。

裏返せば、オートメーション化された大手メーカーの生産ラインとは異なり、金融機関の営業店では、自分の“持ち場”や確認のための立ち位置などが明確には定められていません。店舗に所属する行職員には、各々事務机が割り当てられてはいるものの、営業店長を含め、その机にずっと座っていることもありません。店内にいる時間に限っても、一日の単位でみれば、「内部を移動し続けている時間」「立って作業をしている時間」が占める合計が相当な比率に達することでしょう。たとえれば、営業店はオフィスではなく、作業場のようなものと言えるかも知れません。

このため、所属する行職員の動きをビッグデータの動向線で示せば、多数の行職員が同時並行的に複雑な動きで内部を動き続ける実態が認められるでしょう。金庫室や事務機器の設置場所、さらには未使用伝票・帳票の設置場所などで、複数の行職員の動きが多数重なる実態も確認できることと思われます。

実際に肉体としての移動が多数認められる以上は、そうした動きが詰まることなく円滑に「流れる」形にするのと、そうでないのとで、総合計では非常に大きな生産力の違いをもたらします。オートメーション化された大手メーカーの生産ラインでは、費用（コスト）と危険（リスク）の抑制のため、担当者が移動に要する歩数や目線の動きまで注視されるそうです。

そうした着眼点は、むしろ日中（勤務時間中）の体の移動の多い金融機関でこそ、より有効に作用するはずです。製造業以上に「人の“手”」による作業部分を多大に残す業種だからこそ、**全員にとって動きやすく、できる限り移動しなくても済む環境形成が求められる**と言えるでしょう。

改めて言うまでもなく、「所属する全員が他の全員を補完する」「“営業店全体”の単位で最適化を図る」全員営業であれば、そうした環境形成がより一層重要になります。

◆2　物理的環境改善の具体的方策

①減らす

環境改善には、まず持って**「ものを減らす」視点が有効**です。

顧客の「“命の次”に大事」な金融財産を直接的にお預かりする金融機関の建物は、外敵の侵入に備えて頑強な造りとなっています。内部においても、備付金庫室など、専門の設備も不可欠です。裏返せば、そう簡単に拡張やリフォームなどできない実態があると言えるでしょう。

利用可能な空間に限りがある以上は、置かれる“もの”自体の総量を調整、すなわち削減する施策が現実的です。**減らすことで、移動中にぶつからない、動きやすい空間を形成する**のです。その際のポイントを、次ページに例示します。

各種の技術革新や利ざやの縮小、さらには特に地方部で見られる過疎化に伴う来店顧客の減少等を背景に、営業店への配置人員は絞り込まれ続ける傾向が一般的です。実態として、「かつて30名が所属していたものの現在は半分以下」等の実態がみられる営業店も珍しくありません。

そうした一方で、多数の人員が配置されていた時代の机・椅子・更衣ロッカーなどがそのまま残されていることが珍しくありません。中には、“作業机”などの名称で席順配置図等にそのまま載せられているケースもみられます。

このような「常時は使用しない」「作業台として一時的に物品を置いたり事務作業をするためにごく一時的に使用する」机は、どうしても責任の所在が曖昧になります。誰かが一時的に引出しなどに格納した内容物が、そのまま忘れ去られて死蔵を招く事象も珍しくありません。また、設置によってもたらされる死角が、不適切な事務取扱や事故・不祥事件などの温床にもなりかねません。

よって端的に言えば、こうした**机・椅子は可能な限り除去し、行職員の移動導線の確保を優先すべき**です。不要・過剰な間仕切りも同様であり、**行職員の行き来や目視確認をやりやすくすることが、他係への協力すなわち全員営業の実施に直接的に寄与します**。

総じて保守的で実直な平均的な行職員は、「迷った場合にはとりあえず（捨てずに）保存しておく」「なるべく現行のままとしたがる」行動をとることが一般的です。しかしながら本来は、書類や動産備品

◎「減らす」ことで環境を整備する具体例

> ❗実現を阻害する一番の要因は行職員の「躊躇する心」と認識する

●机や脇卓などを減らす

⇒僚店や本部に移動させる／処分する

●更衣室内ロッカーなどを減らす

⇒僚店や本部に移動させる／処分する

●マイクロフィルム・ワープロ・テープレコーダなど現在では使用しなくなった事務機器を減らす

⇒「まだ使用する可能性があるかも」の懸念よりも活用場所確保を優先させ、本部に照会の上処分する

●使用していない収納・格納棚などを減らす

⇒「後になって格納場所が欲しくなるかも」の懸念よりも活用場所確保を優先させ、僚店や本部に移動するか処分する

●不要・過剰な間仕切りや囲いなどを減らす

⇒行職員相互の行き来をしやすくする／他者の様子の目視確認をしやすくする

●格納書類・重要物を減らす

⇒以下のように段階に沿って分類対応する

段階	着眼点・確認事項	対応方針
1	そもそも、保存・保管が必要でないもの	処分する
2	保存・保管は必要だが、部店でなくてもよいもの	本部または（店舗外）倉庫などに移す
3	部店に保存・保管は必要だが、執務スペース内でなくても良いもの	実際の利用頻度に応じて金庫室や施錠書庫へ移す
4	金庫室に格納が必要だが、それほど利用頻度が高くないもの	金庫室の上段・後段部分に移し、高頻度用の場所を確保する

の管理・保存を含め、こうした取扱いのすべてがルール化されているはずです。
よって、まずは基本ルールを確認し、ルール手当てがなされていない場合には（総務部など）本部への対応照会によって、保存なり移設なり廃棄なりの判断をすべきです。裏返せば、そうした対応が先送りされている状況は、確認・決定の不十分さを示していることに他なりません。
原理原則・一般論から言えば、現在では使われなくなった動産・備品を貴重な部店の空間にそのまま格納するのは、生産性の低下をもたらすと言わざるを得ません。
したがって、実務上は期限を切って、対応を確認すべきでしょう。事実として、これらの一斉処分に際して、移動を要する動産・備品がトラック何台分にも達する営業店もみられます。

②全員が取り扱いやすい配置に

不用品や優先順位・利用頻度などが低いものを減らした後には、業務上不可欠な動産・備品・書類など（だけ）が残った状態となるはずです。これらを、**全員営業を構成する行職員、すなわち自店の行職員全員にできるだけ平易に取り扱えるように配置する**ことが必要です。
こうした一方で、金融の自由化、規制緩和の広がり、ならびにインターネットほか技術革新の飛躍的な伸展等を背景に、近時の取扱業務すなわち商品・サービスは、広域化・深化の一途をたどっています。また別の視点では、旧金融円滑化法や保証人を求めない対応などにより、かつては例外であった取扱いや条件変更についても、柔軟化の一途の傾向がみられます。それに伴う事務対応も、膨らむ一方です。
よって既述のとおり、こうした実態を背景として、金融機関の制定様式・帳票類も著しく増加しています。わずかな商品性の違いによっ

◎ものを減らし、行職員の移動導線を確保した営業店内の物理的環境改善の例

● Before ●

● After ●

て個別に様式が制定されているものの、よく似た様式ゆえに取違えをもたらすことも珍しくありません。残数が不足してくれば本部などから取り寄せる必要がありますが、その管理だけでも相当な負担を余儀なくされます。

また、商品性の変更やコンピュータ・システムの更改・プログラミング変更などに伴って、様式自体が変更される場合もあり、そうした場合には全交換が必要になります。

それだけではありません。かつて筆者が勤務していた金融機関では、金融機関制定分と外部から配布を依頼された分を併せ、80種以上の“活きている”顧客配布用チラシやパンフレットがロビーなどに配置されていました。文字どおり、置き場にも困る事態です。金融機関への来店者を見越して配布を依頼する官庁・自治体・第三セクターなどは少なくありませんが、「ピッチャー多数・キャッチャー１名」の状態に他なりません。

さらに、新規口座開設者の属性や定期預金や預かり資産の契約金額等に応じ、配布するノベルティなどが細かく区分けされていることも珍しくありません。フレッシャーズ用のプレゼントの応募券や、年金受給者向けの誕生日プレゼント、高額の定期預金契約者用のラップ・掃除用具・エコバッグ・ティッシュペーパー・ボールペンなどを配り分ける必要がありますが、これら各々の格納場所も必要になります。

こうした実態を踏まえれば、**様式などに格納場所用の通番を設定し、一覧表化した上で共有・活用を図る**ことが一案となります（次ページの図表参照）。「どこにあるのか」を逡巡する時間や、誤った帳票を顧客とやり取りしてしまうことの防止・抑止を図ることが目的です。

◎様式などの格納場所一覧の例

二様式で

＜格納箇所一覧＞

格納コード	格納場所	鍵番号等	写真等
001	テラー後方配置図 左側キャビネット1	— （鍵なし）	
002	テラー後方配置図 左側キャビネット2	— （常時開錠）	
003	テラー前方配置図 右側棚	BK20080519	
004	テラー後方配置図 真後ろ棚	— （鍵なし）	

＜帳票別格納場所一覧＞

格納場所	帳票番号	帳票名	備考等
001			
003			
022			
008			

4 全員営業の機能化に向けた行職員との面談法

◆1　意識・理解すべきこと

①悪しき前例を“反面教師”とする

営業店長や役席者など**管理者によるマネジメントの中核部分は、「正しい思考・行動への誘導を指導や示唆によって行う」こと**であり、全員営業も、その例外ではありません。このため、本章の主題である「全員営業実施時に成果を上げるマネジメント」にも、必要に応じた指導や示唆が欠かせません。

指導や示唆は様々な形態で行われますが、最も一般的な形が、別室での面談と言えるでしょう。

この一方で、「行職員が営業店長から別室に呼ばれること」自体が、対象行職員側を身構えさせる一面が認められます。実態としては、褒められるよりも注意喚起のために呼ばれることの方がずっと多く、内示を含む人事異動関係も連想させるためです。こうした空気は、金融機関を問わずみられる業界の組織風土と言えるでしょう。このため、有意義な面談機会とするためには、不要な警戒心を解いていく配慮も求められます。

別の見方では、面談は、何らかの情報収集に使われる一面も認められます。当局検査受検時の臨店・実態検査などが代表的ですが、行職員にとって最も一般的なのは、人事部門や内部監査部門の所属行職員によるインタビューになるでしょう。そのなかでも、特に高頻度で実施されるのが後者だと思います。

その一方で、そうした内部監査部門による面談・インタビューが必ずしも十分に機能していない、少なくとも営業店に所属する行職員に、それが機能しているという印象を与えていない一面もみられます。

筆者も金融機関の監査業務に関わった経験がありますが、有り体に言って駄目な監査員ほど次ページの図表のような行動を示します。営業店長なども、こうした監査の受監に際して表情をしかめざるを得ない状況に陥った経験をお持ちではないでしょうか。

わざわざ説明するまでもありませんが、駄目な監査員ほど地道な作業による検証を軽視し、面談・インタビューで揚げ足を取ろうとします。さらに、全体としての傾向値や本質的課題の背景等を考察することなく、個別の事象に拘り、有効な具体的助言を発することもできません。こうしたことが繰り返される弊害は大きく、行職員には、業務関係のインタビューそのものに好印象を抱かなくなっている事象もみられます。

こうした事象が展開されるのは、受監部店側に監査に対する拒否権や不服審査請求権が与えられていないためです。監査側は、その足元を見ていると言えるでしょう。

本項でこうした事象をあえて示しているのは、営業店の運営にあたって、このような事態に陥らないように留意いただくためです。こうした事象を反面教師とし、**全員営業の機能化を考える中では、面談・インタビューが部下行職員に意欲・やる気を与える機会となるよう取り計る必要があります**。

◎“駄目な監査員”の行動パターン[例]

「過去に業務従事経験がある」「普通の行職員よりも詳しい・得意だ」「傍店などで同様の事象を確認した」等を背景とした先入観に凝り固まっている

⇒仮説・見立てのとおりに決まっている／指導して分からせないといけない

「面談・インタビュー」という名の裏付確認を行う

⇒場合によっては実質的な圧迫面接も実施する

面談・インタビュー結果をもって「悪い部分」を指摘する

⇒実現可能で有効な改善施策を指導・示唆・情報提供せず、「どうすべきか自分で考えろ」といった強圧的な姿勢を示す

受監部門にそもそもの納得感がなく「押し付けられた」意識だけが残っているため次善策策定にも身が入らない

⇒「うるさいから形だけやっておけばいいや」に陥る

全体像として非生産的な姿がもたらされている

「どうすればもっとやりやすくなるのか聞かせてほしい」「実施する上で問題点等があるのならば、遠慮なく聴かせてほしい」等をあらかじめ明言し、**部下行職員が発言をしやすいように導く**策なども求められるでしょう。

さらに、改めて言うまでもないですが、営業店長など管理職側からの面談・インタビューの指示に対し、部下行職員側には事実上の拒否権がないことについても十分な忖度（そんたく）が求められます。

既述のとおり、面談・インタビューにも相応の費用が掛かっています。このため本質的には、双方が有効な機会とすべく必要十分な事前準備を行う必要があるのですが、それよりも「営業店長には逆らえない」「とにかく拒否できない」等の意識が先行してしまうのです。したがって、そうした動きを見越した上で、**時間的猶予をもった事前告知や事前準備の指示を出しておく**ことも一案となるでしょう。

受け手の立場でこれまで経験してきたであろう不十分な監査という悪しき前例を踏まえ、営業店長自身が「人の振り見て我が振り直せ」の意識を持って、自ら行う面談を実のあるものとしてください。

②面談だけを特別視しない

人事面談時にも、ハロー効果などに引きずられない旨の注意がなされていることと思いますが、面談・インタビューは極めて有効な手段ではあるものの、数あるマネジメント施策の一つに過ぎません。当然のことながら、それだけで全員営業の課題すべてを解決することはできません。

あくまでも、全体最適化のために取り得る方策を適時適切に実施し、最適化のための実態把握や調整のために実施する選択肢の一つとして、面談を捉える視点が必要です。さらに、次の点にも留意が必要です。

◎面談実施あたってのその他の留意点

注意点	対応
面談者２名の人件費に加え、手を止めることによる他の業務への影響も小さくない	必要十分な実施と共に、必要以上に実施しないことにも留意する
特に部門長との面談は注目が浴びやすい中で、「一回・短時間で済む行職員・係」と「手法や時期を変更させて何度も実施すべき行職員・係」が生じ、無用な憶測を呼ぶ	必要に応じ、実施目的や差異が生じる背景を（直接・間接に）通知する

◆2　1対1（形態）の面談時の留意事項

最終目的が全員営業の最適化である以上、当然のことながらそれに寄与する面談・インタビュー内容とする必要があります。つまり、全員営業への取組意欲を生みだし、高める内容であることが必要です。

営業店長など管理職側からみた面談・インタビューの動機は、事象や対象者の数だけあると思います。中でも多いのは、いわゆる自己啓発を含めて全員営業への参画・協力が不十分であったり、視野狭窄などによって思考や行動が空回る事態が生じている場合に、その対処を目的とする面談ではないでしょうか。

このため、面談・インタビューを通じていわゆる教育的指導を行う機会が自ずと増えることとなりますが、そうした指導を繰り返すばかりでは、行職員の意欲は自ずと減退します。

たとえ経験が浅かったり判断が甘かったりする行職員であっても、

全員営業を機能化させるための良いアイデアを持っている可能性は否定し切れません。

よって、**注意すべき箇所・内容は具体的に、後を引かないように注意しつつ明確に対応案を提示し、それとは別に意見やアイデアを聞くようにすることが本人の意欲を高めることにつながるでしょう**。

全体としての時間にも当然に配慮が求められ、短時間とすべきことは言うまでもありません。対象者に応じて順番を考えつつも、**「1つ採用して、その意見をより有効化させるためにも2つの注意事項を指導・示唆する」**くらいが適切な程度かもしれません。

意欲を生みだしたり、高めたりする端緒や契機は人の数だけありますが、その主要な要素の一つが「自身の意見が全体の方針として採用される」ことなのです。

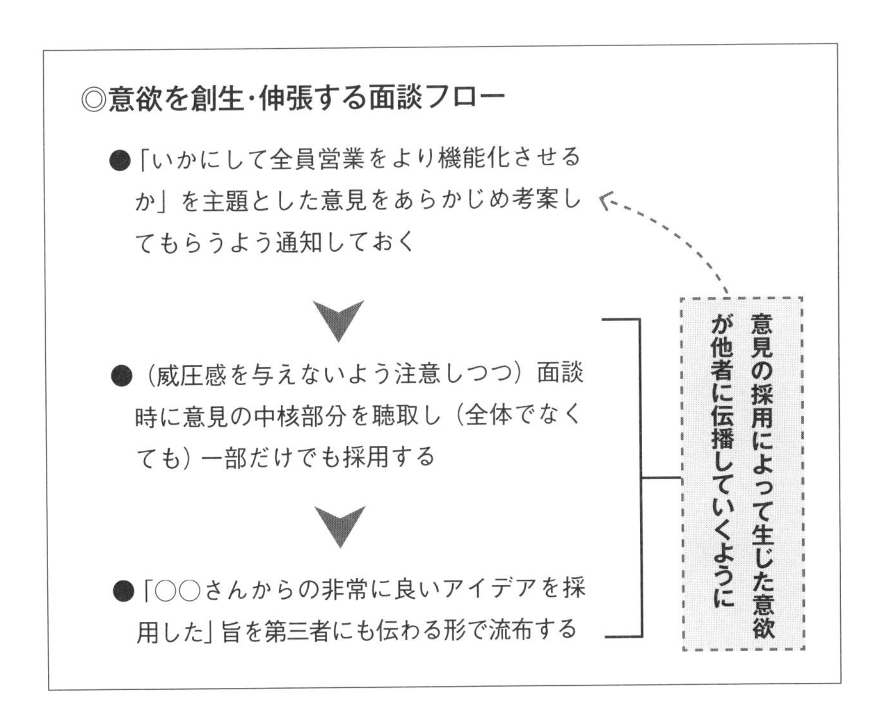

「採用に値する意見を聴取する」ためには、それ相応の工夫も必要になります。対象者なりの問題意識を醸成し、それに対する課題解決策を考案してきてもらうためには、すでに横たわっている様々な課題とその影響に対する共通認識も必要となります。「全員営業の実施にあたって、こういう事象が認められるようなのだが、どうすればよいか、君なりの目線で考えてきてもらいたい」などとあらかじめ指示し、要点メモ等を事前作成してきてもらうことも一案となるでしょう。

実際の対応時には、提案内容を一部だけでも採用することのほうが完全にボツにするよりも難しいと言えます。裏を返せば営業店長には、それに先立った**「採用できるような意見を出させる」ための促進・調整対応が求められている**のです。

役席者等に対する面談では、ⓐ商品・サービス内容や苦情・トラブルの背景、ⓑ全員営業の実施に伴う作業負担・費用と効果を対比した総合判断（根拠）、ⓒ本部の方針や店舗方針との整合性、ⓓ金融機関の持つ社会的責任や社会通念・公序良俗への抵触、などの理解水準を検証し、必要に応じた指導も実施します。
「管理者なのになぜ分からないのか！」と癇癪を起こすことなく、粘り強い対応も求められるでしょう。

そもそも、金融機関の経営情報は「経営者限定」「本部部長・営業店長限り」等の対象者限定を謳ったものが多数を占め、営業店長とそれ以外の情報の非対称性が著しいことを念頭に置く必要もあります。

◆3　集団（形態での）面談時の留意事項

これまで何度も繰り返し述べているように、そもそも金融実務は協働が避けられない上、全員営業は協働そのものでもあります。このため、課や係といった協働の単位等を対象に、面談・インタビューを実施することが一案となります。

他方、集団を相手に面談を行うことにまつわる弊害は少なくありません。

内部研修などでグループ研究・発表を行った際に、実質的に「リーダーとそれ以外」の状態になった経験をお持ちの方がいることと思います。複数が参加する話合いについては、均等・対等な関係はもとよ

◎複数・集団との面談・インタビューによりもたらされる弊害

▶当事者意識の滅失・喪失

「いつ？　どこでやるんだっけ？　何の話合いだっけ？」
「あ～面倒くさい。忙しいんだから巻き込まないでほしい」

▶“連帯責任は無責任”を地で行く思考・行動

「別に私が発言しなくても、そのうち誰かが何か言って決まるだろう」
「余計なことを言って仕事を押し付けられたら面倒。黙って“火の粉”を被らないようにしよう」

▶業務上の上下関係を引きずることによる生産性低下

「決めるのは自分じゃない。上に任せておけばいいだろう」
「何か言っても、睨まれて考課に反映されたりして、いいことは何もない。“沈黙は金”だ」

◎全員営業関係の「集団との面談・インタビュー」活性化策［例］

●具体的な例示を通じて皮膚感覚を持たせる

前提知識の違いを踏まえた上で、それほど業務知識が豊富でない行職員に合わせた解説を行う

●「自身への損得がより直接的に影響する」と受け止められるテーマを選択する

「勝手にいろいろ決められては困る」と当事者意識を煽る

●集団内の職位等を踏まえた上での思考・行動を求める

「職位や立ち位置を踏まえた発言を各々に求める」ことをあらかじめ通知し、実際に問い掛ける

り、参画意識を高めること自体が難題なのです。“番付制”に則った上下関係が総じて厳しく、上意下達な企業風土が一般的な金融機関では、一般の事業者以上にこうした事態に陥りやすいことを認識しておく必要もあるでしょう。

結果として、大多数が当事者意識すら保有することなく、“やらされている感”の下で「ただ座っているだけ」になれば、人件費が垂れ流されていることに他なりません。**面談・インタビュー参加者の増員は、その分だけ人件費が投入される高価な施策にほかなりません。**

このため営業店長には、**個々人の参画意識を高め、高価な投入費用に見合う生産的な面談・ミーティングに導く役割が求められる**ことを改めて理解しておきましょう。

集団面談の活性化には、まず、（当事者である）集団単位について、機能化の阻害要因をできるだけ具体的に列挙してもらい、そのそ

れぞれについて改善策を考えてもらうことが第一歩となるでしょう。

実施当初は、基本的な理解の不足や誤解に基づく耳障りの悪い意見を聴取せざるを得ない面も多くなると思いますが、上席者に求められる“聴く力”をもって臨む姿勢が欠かせません。

5 全員営業の成果の評価への反映

◆1　意識・理解すべきこと

誰であっても、実績を賞賛されれば、うれしく思います。このため、実績の評価・考課への反映は、あらゆる活動において意欲を高める契機となります。それは、全員営業においても例外ではありません。したがって、**全員営業の成果を評価・考課等に適切に反映できれば、一定の活動促進効果が見込める**ことになります。

その一方で、こうした評価や考課が不適切な形で運用されれば、当事者のみならず、他者にも負の影響をもたらしかねません。よって、評価・考課の活用によって全員営業の推進・促進を図るためには、当事者全員の一定の納得感の醸成に配慮が求められます。

納得感は、被評価者の絶対的な判断や心象がすべてです。「評価者である自分がこうしているのだから（間違いない！）」「こんなにきちんとやっている評価者はいない（分からない方がおかしい！）」という理屈は通りません。被評価者側に分からせる・理解させることが絶対的に求められると理解しておきましょう。

納得感の醸成は、多数の要素が存在、相関する中でもたらされます。その際のポイントをイメージ図に示しておきましたので、参考にしてください。

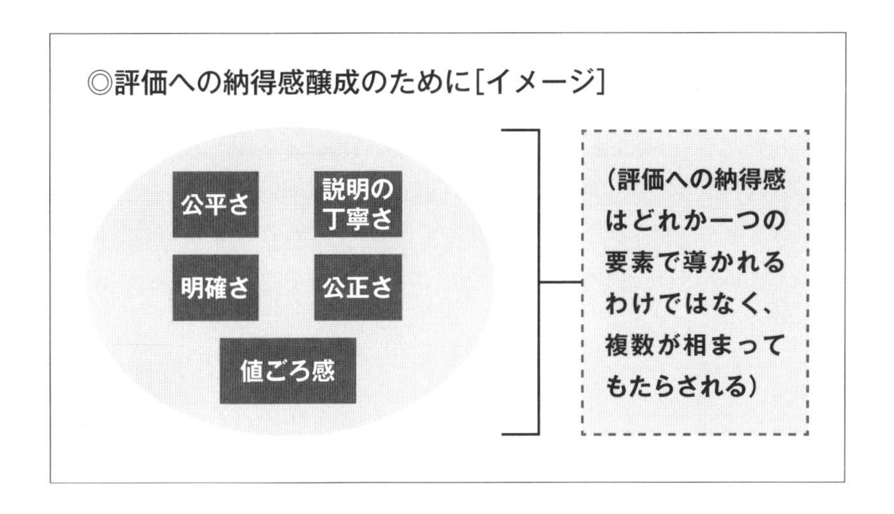

◆2　実施時の留意事項

①事務負担をもたらさない

大半の金融機関では、人事部門等によってすでに複数の評価・考課制度が制定・運用されており、賞与や昇給・昇格に反映されています。これらの評価・考課はあくまで手段であり、目的化による「ミイラ取りがミイラ」状態に陥らないよう留意が求められますが、全員営業もその例外ではありません。また、体が二つも三つもない以上、活動量には自ずと限りがあり、評価・考課制度が乱立しても、希薄化を招くだけとなります。

よって、たとえ全員営業の最適化や促進を意図する場合であっても、**新たな評価制度等を別途策定するのではなく、既存の仕組みを活用する対応が望まれます**。これによって余分な事務負担をもたらさないことが、結果的に活動量の確保の一助にもなります。

②数値を含めた目標値を"上"から順に策定・提示する

文字どおり全員で行う全員営業ですので、職位を問わず、全員が実施者・参画者に該当します。これら全員の協力・補完によって実施される全員営業ですが、職位や等級により、求められる内容や水準に差異があると考えるほうが自然です。そうでなければ、特に職位が低く給与の安い行職員に納得感がもたらされなくなることは、想像に難くありません。

全員で行う全員営業ですので、各々の（既存の）評価・考課制度に則った評価項目に成果が反映されることになります。よって**各々があらかじめ目標値を設定し、これらに一定の関係性が認められるようにすることが有効**です。

その一方で、人事部門等が制定した（「目標設定シート」「チャレンジ・シート」「能力開発管理票」等の）様式が対象者や上席者以外にも公開されるルールとなっている金融機関ばかりではありません。下位者にしてみれば、自身の目標設定・確定にあたって上位者への開示・承認が求められている一方で、上位者自身がどのような目標としているのかが分からなければ、それが潜在的な不満要因になりやすいと言えます。

このため、**少なくとも全員営業の目標部分については、上席者が先んじて公開し、それを参照した上で下位者が自己の目標を設定・公開していく**流れが現実的となるでしょう。

この際には、顧客に対する商品・サービスの紹介・セールスなど営業活動を中心とする全員営業の性格を踏まえるようにします。端的に言えば、直接・間接の獲得や実際に行った支援の実績などを可能な限り数値化し、（事前）目標化することが有効です。こうした目標に対する成果・結果をもって評価・考課とすることが一案となるでしょう。第三者が見ても容易に理解できる目標とすることが、透明性や納得感の一助にも繋がります。

繰り返しになりますが、こうした形で**設定した目標値を上位者から順に公開・還元していく**ことも、納得感を醸成する上で極めて重要なポイントです。公開が事実上の公約となり、それが上席者の目標達成に対する牽制力となることも、改めて言うまでもありません。

筆者自身も、課長代理級〜課長級時代に「自分はこのように目標設定したので、これ以下の水準で設定してもらって構わない」とチーム内で最初に目標設定・開示をした経験があります。全体の業績を勘案しながら最初に目標設定することは難解で、かつ「下位者にみっともない業績も示せない」と重圧になったことを覚えています。

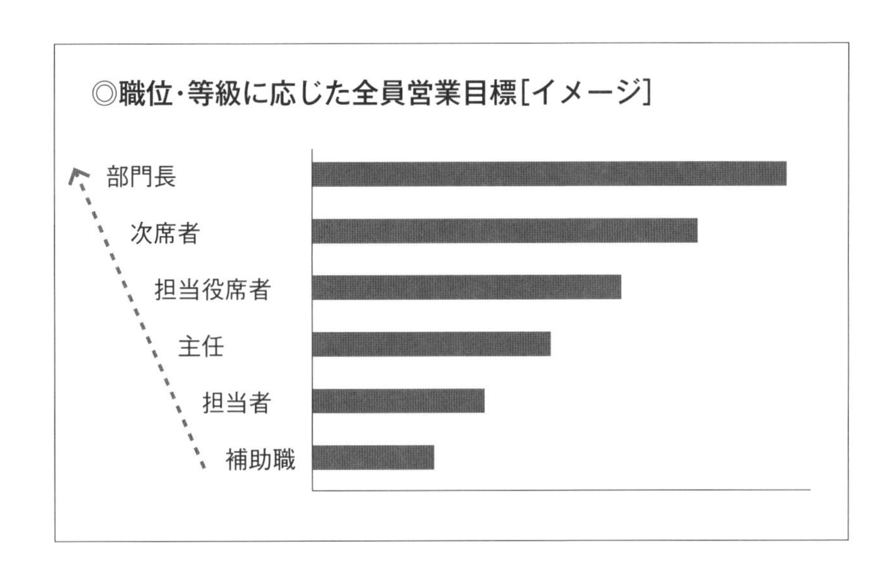

③結果に対して中間・最終時点での上席者意見を還元する

繰り返しになりますが、評価・考課はあくまで手段であり「評価を下すこと」自体が目的ではありません。したがって営業店長をはじめとする管理職側には、良好な結果を招くように創意工夫をもった取り回しが求められます。

具体的に言えば、期初の目標設定時と期末の結果確認時だけでなく、中間地点での適時適切な中間結果の還元（フィードバック）が有効です。

具体的な還元内容については、次表を参考にしてください。

◎設定した目標に対する結果検証（フィードバック）［例］

時点	還元内容
中間時点	目標達成を妨げる問題の解決方法（事例還元）
	「共に顧客の期待に応えていこう」という呼掛け
終了時点	「良かった点（⇒来期以降も積極展開を期待する内容）・修正可能な点（⇒修正によってさらなる成果獲得が期待できる内容）」
	金融システムの担い手としての“金融機関の公共的使命”の重要性と、その中で対象者に期待する全員営業における役割

第5章

“全員営業”の失敗例とその防止策

1 全員営業が生み出しかねない“負の結果”にも注意を

◆1　ネット上には全員営業をめぐる恨み節も

報道や公開情報を参照しただけでも、すでに金融機関における全員営業は、幅広い地域や業態で、相応の実施がなされている模様です(年次報告書などに記載している金融機関もみられます)。

金融機関向けの雑誌や新聞に掲載された成績優秀者や優秀店舗へのインタビューなどでも、「単独ではなく全員営業によってもたらされた成果です」等のコメントを数多くみることができます。また、(中長期・単年度双方の）事業計画や、経営トップによる年頭訓示などにも「全員営業」というキーワードがそこかしこにみられます。

しかしながら、**推進・徹底の思惑とは裏腹に、思うような成果に至らず、逆に様々な弊害をもたらしたと窺える前例も相応に出てきています**。本書執筆時点では、全員営業が直接的な原因となって提訴に発展した事象までは確認できませんでした。その一方で、インターネットへの書込み等を見ると、全員営業をめぐる恨み節、(内部関係者が見れば何を言わんとしているのかが分かる）罵詈雑言、内部告発などがみられます。

どこまでが真実か、どこまで大袈裟に伝えられているのかは分かりませんが、「事務職と言うことで採用されたはずなのに、ある日“全員営業”ということで、ロクに教育も受けないままセールスを担当させられ、結果、心を病んで退職に至った」「支店長が交代した途端に連日『全員営業、全員営業』と言われ続け、数字ばかりを求められるようになった」等の告白が、検索により容易に出てきます。

火のないところに煙は立たず。健康状態を悪化させたり、退職を余儀なくされている事象も相応に認められるようですので、これを“対岸の火事”と看過するばかりでは、リスクに対する感度が低いと言わざるを得ません。

◆2　労務管理上の問題につながるリスクも念頭に

次ページの図表に挙げたのは、近年、金融機関で営業活動をめぐって発生した労務管理上の問題の実例です。

これらが、全員営業の実施を直接的契機としてもたらされたのかどうかの確証はありません。一方で営業店長は、**全員営業の実施が、こうした問題を生む“最後のひと押し”となる可能性について、常に念頭に置いておく必要もある**でしょう。

さらに言えば、営業活動をめぐって発生する問題は、担当者へのダメージだけではありません。行職員として“絶対に渡ってはいけない橋”である着服・流用等の犯罪をはじめ、不適切な事務処理や不祥事件を招くことも考えられます。

非常に残念なことですが、このような行職員による犯行は、今なお断続的に発生し続けています。全員営業を通じ、それまで以上に顧客とのやり取りが多数の行職員に及んだり、全員営業によって内部管理・牽制機能が弱まることで、こうした犯行を誘発する側面も無視できません。

営業店長は、こうした負の側面についても常に意識しておく必要があるでしょう。

◎営業活動をめぐって金融機関で発生した問題の実例

分類	発生事象
退職	パートタイムで採用されたものの、営業活動を含め常勤雇用の事務職と全く同じ仕事をさせられ、早く帰宅できる以外のメリットがなく、安い時給にバカバカしくなり退職。[(有期) パート]
	パートタイムで事務に向き合う“キャリアスタッフ”として採用されたものの、研修途中からほとんどの学習内容が「営業」に。採用後は否応無しに数字が課され、断れない雰囲気の中で親族にノルマを回し、それが終わる頃には居づらくなり退職。[(有期) パート]
変調	事務担当者として中途採用されたものの、就業翌月に営業担当者が退職したことを背景に、試用期間終了後に「事務採用のため目標やノルマは定めない」という説得条件に応じる形で営業部門に配属。しかしその後、約束は反故にされ、新規開拓のノルマが課された。それにより精神的に滅入り、月末ノルマが近づく月後半になると忘れ物の多発や理由なく涙が止まらなくなる症状が出る。心療内科を受診した結果、鬱と診断。[(無期) 常勤雇用]
	新卒時に事務職採用で就職。人事部や配属部門の上司のすすめに応じ7年目で総合職にコース転換したが、営業ノルマがきつく、精神状態が悪化し、休職。[(無期) 常勤雇用]
	“営業パート”という名称で採用され。集金や書類の授受などルートセールスを担当。ノルマや残業はないが、実績は聞かれるので営業には違いない。投信も取り扱っているため、顧客からは他の行員と同じように苦情も言われ、精神的に辛く、最近では鬱の自覚も。[(有期) パート]

見られがちな失敗パターンと改善への着眼点

前項では、全員営業が引き起こす可能性がある労務上の問題を取り上げ、皆さんに注意を促しました。

ここからは、全員営業を実施した際によく見られる「失敗パターン」を挙げ、その対応策を考えていきたいと思います。

失敗パターン1　一部の行職員が従来どおりの動きにとどまるため、全員営業が展開されない

①事象

全員営業は実施して当然の施策であり、その実施に伴って各業務を棚卸しし、取組内容や手法を見直せば、全体の作業量を圧縮することも可能です。しかしながら、そうした対応を自ら実施できる行職員は少数であり、大半の行職員にとっては既往の作業量に全員営業分が上乗せされる事態となることは、第1章以降で何度も述べたとおりです。

このため、理想や掛け声とは裏腹に、「全員営業からそっぽを向く」、あるいは「面従腹背で見て見ぬふりをする」行職員は珍しくありません。むしろ、“できない理由・やらない理由”には事欠かないというのが実情であり、管理職側には、**継続的な注視と活動促進が求められる**と認識しておく必要があります。

②対応策

全員営業をめぐって、よく耳にする“できない理由・やらない理由”と、それに対する対応策をまとめたのが次ページの図表です。

全員営業は、いつ、いかなるときにも求められる思考・行動であるため、営業店長をはじめとする管理職側には、図表の右欄の下段部分に示した対応（実質的には反証）をもって、その行職員に変心を促すことが求められます。

人間は機械ではなく感情の生き物であるため、一律に高圧的な姿勢で接したり、理屈で論破するばかりでは、良い結果は生み続けられません。当然のことながら、**相手の言い分を必要十分に聴いた上で、共に課題解決策を考えていく姿勢が基本**となります。さらに、相手に応じて、なだめたり、おだてたり、揺さぶったりしながら説得することも、時に必要となります。

実務上では、理屈で納得させるよりも、とりあえず実際にやってみてもらい、作業負荷などの抵抗感をなくさせることも一案となるでしょう。「どう？　やってみたらこんなもんでしょ？　十分やれそうじゃない？」「まずやってみて、困ったときには必ず声掛けしてね」等の声掛けが考えられるでしょう。

◎“できない・やらない理由”と対応方法［例］

切り口	上段：当事者の言い分／下段：指導内容・対応方法
ⓐ 資格・要件不備	「証券外務員資格を保有していないので、預かり資産分野のお手伝いはできかねます」 ⇨**「一定以上の預金残高を保有し、一定以下の年齢に該当する推奨候補者の抽出」などの補完対応が可能**
ⓑ 知識・ノウハウ不足	「これまで融資窓口を担当した経験がないので、融資・ローン分野のお手伝いはできかねます」 ⇨**誰でも最初は未経験。全員営業での補完行為が直接的なOJT機会にもなる**
ⓒ 人手不足	「今日は一人休んでいるため担当業務をこなすのに手一杯で、他の係のお手伝いはできかねます」 ⇨**人数が少ないとき(ところ)ほど、連携による助け合いが必要。「何をどう手伝うべきか」の開示を**
ⓓ 機器不足	「行内LAN接続PCに限りがあるため、手伝おうにもそこで詰まってしまいます」 ⇨**PCによる入力は全体の作業の一部に過ぎず、それ以外の作業を補完し合うべき**
ⓔ 活動に対する他者の理解に不安	「手伝いたいのはやまやまですが、周囲や上司に必ずしも快く思われないことがありますので…」 ⇨**速やかに、（営業店長ほか）上級管理者を交えた事態改善の話合いを**
ⓕ 他者との連携・協調に不安	「手伝いたいのはやまやまですが、不慣れな自分が加わると、かえって足手まといにならないかと…」 ⇨**役席者ほか直属の上席者および他の係・課等の上席者を交え、協力・補完の具体策を考案**

他方、こうした「できない理由・やらない理由」のうち、最も厄介なのは図表中のⓔⓕなど、他者との関係に気を揉むケースです。

実態としては、営業店長や次席者が全員営業の実施・徹底を指示する一方で、**直属の上席者等がその必要性や手法などを十分に理解することなく、あるいは感情的に反発するケースもまま見られます**。そうした中で、「まず自分の担当業務に集中せよ」と陰に日向（ひなた）に担当者へ圧力をかけるわけです。

担当者自身は全員営業の方針に賛同していても、これではたまったものではありません。直属の上席者等とは、四六時中一緒に行動しているわけですので、板挟みになった担当者には、漏れなく心労がもたらされます。

原因は言うまでもなく、直属の上席者の部分最適思考や視野狭窄にあるのですが、そうした事態を招き、全体方針に同調させないことを甘受している責任は営業店長にあります。**担当者に「直属の上席者とうまくやってくれ」と解決・調整を押し付けるのは本末転倒であり、営業店長が自ら向き合って解決すべき課題**です。

程度の差こそあれ、こうした課題はそこかしこに転がっていると考え、その芽が小さいうちに摘んでしまう対応が欠かせません。

全員営業の実施には、個々の行職員の取組みにとどまらず、営業店全体での業務再構築が必要になります。このうち、視野の狭い役席者の開眼は、初期の段階で必要不可欠な事項といえるでしょう。

失敗パターン２　混乱やサービス水準の低下などに伴って、顧客から苦情などが寄せられる

①事象

直接の担当外の業務にまで手を伸ばし、主担当者に代わって商品・

◎全員営業に伴う顧客からの苦情の例

要因	苦情の内容
接客・応対した担当者の対応水準が低い	▶(以前に比べ)説明や事務対応にえらく時間を要したが、なぜか？ ▶要領を得ず、自信もなさそうな説明で不安を拭い切れないが、教育はちゃんと行っているのか？ ▶説明内容と実情・実態に乖離がみられたが、どう責任を取るつもりか？
顧客（自身）に対する接客姿勢への不満	▶以前と同様の依頼内容にも関わらず、遅延や誤りがもたらされたが、自分の依頼内容を覚えようとしないのは金額が少額だからか？ ▶これまでの担当者はしっかりしていたのに、それをこんな仕事のできない担当者にわざわざ代えたのは、自分が軽く見られているためか？

サービスの案内やセールスまでを行う全員営業ですので、ときには相応の混乱がもたらされることもあります。

上の表は、全員営業の実施に伴って、顧客から寄せられた苦情の一例です。

②対応策

「よしやるぞ！」という心意気（？）をもって全員営業に参画したものの、不慣れなため、心ならずも顧客対応に誤りや不十分さが生じてしまうことは、誰にでも起こり得ることです。

ただし、そうした結果に対して「やっぱり全員営業は難しい。実施には慎重にならないと…」といった思考や結論になるようでは、自店に最適化や活性化をもたらすことはできません。

誤りや不十分さをいたずらに正当化するわけではありませんが、近時の金融商品・サービスは総じて複雑であることに加え、複数の商品・サービスが相互に関連してもいます。さらに、こうした商品・サービスが随時内容を更新され、それに伴って取扱方法も変更を余儀なくされているのですから、誰でも最初から完全で漏れのない対応ができるわけではありません。

こうした実情に対する一つの“解”としても、全員営業を有効に活用すること自体が一案となります。すなわち、**顧客への対応を複数の行職員で補い合いながら向き合う**のです。

他方、「（いざとなれば）知っている人に助けてもらえばよい」「分からなければ聞けばよい」等の当事者意識を欠いた姿勢では、いつまで経っても発揮能力は修得できず、全員営業も機能しません。

つまるところ、ⓐ各々の行職員が対応不十分な業務を抽出し、ⓑ優先順位に則って大まかな修得対象や方向性を決定し、ⓒ基本書を紐解きつつ実際に顧客にも接触し、ⓓ実践を通じて対応方法を血肉化する、といったフローに沿って順次レベルアップを図っていく必要があるのです。これらを**個々の行職員ではなく、係や店舗全体の単位で補完し合う**ことが肝要です。

よって、不十分な結果に対しても、次ページの図表に示したように、「大枠で捉えた上で個別事象への対応と再発防止策の実施・徹底をもって機能化を図る」ことが必要です。上記のフローで言えば、ⓒの結果を踏まえたⓓの考察ということになるでしょう。

もちろん、顧客の「“命の次”に大事な」金融財産を直接的に取り扱う以上、職位や年次を問わず行職員全員がプロフェッショナルとして顧客対応に臨む必要があり、誤りは許されません。

実際に苦情が発生した際には、内部ルールに則って粛々と対応する姿勢を堅持することが肝要です。すなわち、**慌てず騒がず冷静に対応**

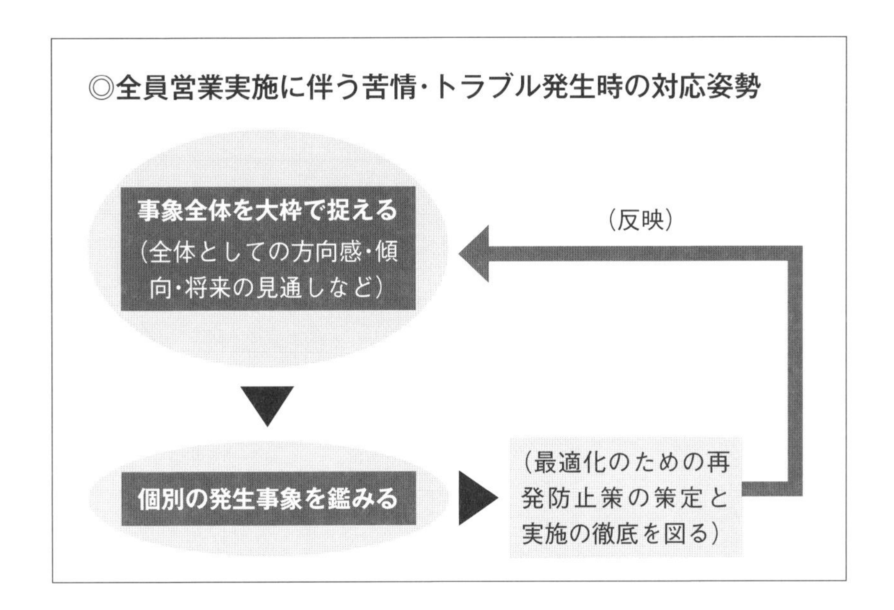

し、決して握り潰すことなく応対・記録し、速やかに本部とも情報共有を図ります。

さらに、顧客・行職員のどちらか一方の意見・主張だけをもとに判断を行うことは危険なため、担当者を当座の対応から外し、複数の第三者の眼をもって検証と次善策を実施する対応が求められます。

改めて言うまでもなく、こうした苦情は、全員営業以外のどのような状況下においても、商品・サービスの種類を問わずままみられることです。

その一方で根源的には、全員営業に伴う苦情は、173ページの図表に「全員営業に伴う顧客からの苦情」として例示した内容にほぼ集約されると考えます。よって、**類型化された苦情に沿って、あらかじめ対応を想定・考案していくことも有効**と言えるでしょう。「このような苦情を寄せられる可能性があるので、直面した場合にはこう臨む」と準備しておくことが重要となるわけです。

失敗パターン3　労働時間が増大する

①事象

既述のとおり、本来、全員営業の実施によって個々人とチーム双方の活動を機能化・最適化できれば、労働時間が増大することはありません。

しかしながら実際には、全員営業の実施・徹底と同調する形で、労働時間が長期化することは珍しくありません。見方を変えれば、全員営業の機能化と時間外勤務圧縮の両立に悩む営業店長の姿は、ごく一般的とも言えるでしょう。

全員営業が長時間勤務をもたらす原因や背景は多岐にわたり、これらが負の相関を示すことも一般的です。そしてそうした多くの原因や背景の中でも**根源的な課題は、「ⓐ業務を上乗せする簡単さ」が「ⓑ業務を減らす難解さ」に勝(まさ)ってしまうことによる業務量の増大にある**と言えるでしょう。

まず、前者ⓐについて触れます。「商品やサービスの紹介・セールスにより販売契約を積み上げげる」営業活動のうち、契約時などの事務対応については具体的な方法がマニュアル等で定められているのに対し、紹介・セールスについては定義や手法が成文化されていません。審査対応であれば「指定箇所（チェック・ポイント）に沿って事業・担保・借入人等を確認し、稟議書を作成し決裁を受ける」ことで完了しますが、営業活動には、文字どおり明確な“形”がないのです。

一方、営業店長を含む営業店の管理職は、総じて在職期間等に応じた営業経験を保有しており、自分なりの成功体験やノウハウを保有しています。「もっとこういうこともできるんじゃない？」「こういうことも、やったほうがいいよ」など、「良かれ」と思って営業手法を助言・示唆し、部下行職員がそれらに従っていくことが重なれば、結果として業務は積み上がることになります。
"形"がない営業活動ゆえ、上司・先輩の助言を取り入れればキリがなく、簡単に仕事量は増大してしまうのです。

次に、後者ⓑについてです。そもそも、金融商品・サービス提供には正確な事務処理の遂行が必要となることに加え、近時の法律・制度の変更により、こうした事務処理はさらに嵩上げされる傾向にあります。
その一方で、以下に示すとおり、業務を減らすことは簡単ではありません。

◎業務削減が簡単でない理由

- ☑事務取扱の変更には、(本部等をも巻き込む形での)内部ルール等の変更・改正が必要となる
- ☑取扱変更にあたり、顧客側の同意が必要となる

→ **いずれも「すぐにはできない」要因**

営業店に与えられている予算・業績目標は、「獲得件数・金額・収益」や「基盤顧客数・残高」などにほぼ限定され、業務削減目標が与えられている金融機関はごくわずかです。このため、目先の業務をこなすことだけに心を奪われている管理者にとっては、業務を減らさなくても特に困りません。それどころか、「そのままの制度で運用してくれた方が慣れているし楽だ」「余計な意見を出して本部に睨まれて

も面倒だ」「ちょっとのことだし、我慢してもらえればいい」と捉えている可能性もあります。

業務を減らすことが難しい一方で、営業活動を充実させる意思決定は、営業店長や担当役席者の意思決定の権限内でこと足りる性格のものが大半となります。店舗全員で行う全員営業の場合、「あれをもっとこうするとよい」「彼（彼女）にはもっとこういうこともできる」等の着眼点もその分幅広くなりますので、充実余地が広いのです。

その一方で、「増えた分だけ業務量を減らそう」としても、増やす以上に難解なのですから、黙っていても自ずと業務量が増大しやすいという一面があると意識しておきましょう。

②対応策

突き詰めて言えば、「やめる・中止する業務」を具体的に抽出し、実際に行動に移さない限り、解決には至りません。

こうした問題は、全員営業に限ったことではありません。「新たな業務を始めよう」「この分野の業務を優先して活動を充実させよう」と判断した際には、まずは経営資源の確保が避けられません。その具体的手段の中には、人員の確保・充実だけでなく、「やめる」ことも含まれます。

現在の金融機関営業店を取り巻く環境を勘案すれば、「全員営業を充実させるため」という理由をもって、簡単に配属人員が増員になることはかなり難しいと考えざるを得ません。したがって、実務的にも、**まずは「どこを・何をやめるか（やめられるか）」を先んじて検討し実行に移す**ことが現実的と考えます。

こうした「やめる業務」の中でも、**最初に抽出すべきは、重複や分断によって損失（ロス）が生じている業務**となるでしょう（次ページの図表参照）。担当者個々人任せとせず、第三者による検証の視点

◎業務の重複・分断の例

▶本部から全員にメール配信しているのに、内容を打ち出して朝礼で読み上げ、さらに回覧・綴込み
▶評価洗替が必要な担保物件のすぐ近くまで訪問しているのに、現況確認せず
▶支給された年金から店頭で現金を払い戻し、そのうち一部を渉外担当者が集金
▶預金払戻しで来店した顧客に、テラーが口座照会・セールスの結果、謝絶に至った。しかし、口座照会票をただ廃棄し記録せず、後に渉外担当者が同じ顧客に同様に口座照会・セールス

無駄・ムラを具体的に積み上げていくだけで、相当な量になることも

で、担当やセクションを越え、名目でなく実質的な着眼点に沿って業務を検証することが有効です。

誤解を怖れずに言えば、金融機関には、もともと「隣は何する者ぞ」「他者の業務の詳細部分を知らないのに意見することは憚（はばか）られる」といった一面が認められるため、行職員から意識的に意見を出させることが肝要です。そうした中で、「知らなかったが、実際のところ重複していた」事象を浮き上がらせていくべきなのです。

さらに、こうした根源的な課題のほか、実態としては明確な理由がない中での「居残り」も少なくありません。したがって、誰かがうるさく退勤を指示することも一案となります。“ブラック企業”なる言葉が現れるはるか以前から「原則として時間外勤務は禁止」を標榜し

ていた外資系メーカーでも、終業時間になると、管理職が職場の電気を直接（強引な形で）消灯する様子が報道されていました。

こうした一方で、金融機関の場合には、**営業店長ほか管理職の「職場への居残り」が“帰りにくい雰囲気”“退勤を申し出にくい空気”を特に強く醸成していることに一層の注意が必要**です。職位に応じて明確に権限が設定され、概して上下関係が厳しい企業風土の中にあっては、特に総合職行職員の間に「“上”が残っている間は帰りにくい」と捉える人が多いからです。

既述のとおり、タイムカード等の絶対時間型ではなく、（事前）申請・承認型の時間外勤務管理がなされている中では、ただでさえ「実際は働いているのに申請していない」分が発生しやすくなります。全員営業に取り組む中で、不慣れな分野を修得したり、事務処理にまごついたり誤ったりする中で余分に時間を要することもあるでしょう。そうした際、「失敗したのでその分の時間外勤務を」と申請することに、抵抗を感じる行職員は少なくないと思われます。

しかしながら、たとえ全員営業を徹底して実施し、相応の成果がもたらされた場合であっても、時間外勤務の度を越えた増大は営業店を構成する行職員に心身の疾患をもたらしかねません。そうした事態に至っては、生産性が大きく低下することも言うまでもありません。

つまるところ、**長期安定的な業績をもたらすためには、時間外勤務の抑制を戦略的に実施せざるを得ない**のです。行職員の共働き比率が高まり続けているという社会環境を踏まえても、「手取り収入が少しでも増える」事態を必ずしも全員が望んでいるわけではない、と捉えておく必要もあるでしょう。

よって営業店長以下の管理職には、**生産性を向上させ、「全員営業の実施によって労働時間が減少した」という結果を生むための創意工夫が求められているのです。**

◎居残りや帰りにくい雰囲気に向き合うための具体策

着眼点	具体例
担当業務の随時変更(指示)	●「13時時点」「14時時点」等で「各自が抱えている業務内容/懸念次項」等を一斉把握し、業務平準化のために担当変更を指示する ●「時間を要する急な来客」「苦情対応」等で当面業務対応が不能な状況に直面した際には、"SOSカード"をかざし、それを見た管理者自身がすぐに従事(代行)した上で、再割振りを指示する
"特別な日程"の設定・開示	●「毎週木曜日は早帰り日/第2・第4金曜日は定時退勤日」等を設定し、当日昼過ぎから注意喚起を繰り返す ●"誕生日休暇""記念日休暇"などを設定し休暇取得実績を一覧化して全員に還元する
上席者からの意思伝達	●「自分より早く退勤しても考課には一切反映しない」「遅くまで残っていても考課に加算しない」旨を明言する ●「このところ時間外続きなので今日は××さんと××さんは定時退勤して」と指示する
上席者による率先垂範	●緊急度の低い業務を残してあえて早帰りする ●早帰り日・有給休暇取得日の様子をあえて話題に出して帰りやすく・休みやすくする

失敗パターン4　被害者意識・不平等感がもたらされる

①事象

営業店における実際の金融実務では、係や課などの所属単位で日々同じような事務作業が繰り返されるため、どうしても思考・発想が固定化しがちです。また、こうした所属単位で打合せから人事考課までが実施されるため、いつしか“縄張り意識”が醸成されがちでもあります。

その結果、いざ全員営業を実施するという場合にも、その“縄張り意識”が様々な心情を行職員にもたらすことになります。そしてそれは多くの場合、満足よりも不満の声が先行することになります。

不満の声としては、以下のような内容のものが代表的と言えるでしょう。

◎全員営業の実施によってもたらされる不満の例

不満の対象	具体的な声
業務上の不公平・不平等感	●あっちは楽になったけど、その分こっちはえらく忙しくなってうんざりだ ●もともとあっちは暇なのに、なんで忙しいこっちがもっと手伝わないといけないのか ●こっちの都合をきちんと省みてもらえないのは、ウチの役席がだらしないからだ
処遇・待遇上の不平不満	●事務を担当するから“事務職”と呼ばれているはずなのに、なぜ営業まで求められるのか ●「営業手当」をもらっているわけでもないのに、営業行為を求められること自体がおかしい ●こういうことをやるために、金融機関に勤めたわけではない

行職員の不満の声を軽視していては、全員営業の水準は上がらない

②対応策

こうした声を「雑音」「言いたいだけ言わせておけばいい」「聞き流しておけばいい」と軽視するだけでは、事態改善は図れません。裏返せば、こうした不平不満をもらす行職員の心に訴える対応が、速やかな改善をもたらすことになります。

具体的には、次ページの図表に挙げた対応などによって、当事者の取組意欲の向上を図るようにしましょう。

行職員に対するこうした対応は、全員営業全体の水準を左右するものです。したがって、営業店長をはじめとする管理職側は、必要十分な緊張感をもってこれらの施策に向き合ってください。

こうした施策の成否の鍵は「行職員が素直に心情を吐露できる環境の形成」にあるといえます。その上で、問題の解決にあたっては、双方が客観性のある裏付けをもって生産的な結論を導き出させるよう振る舞うことが肝要です。全体最適を意識したこれらの思考や発言は、

◎「全員営業実施に伴う不平不満」への向き合い方

順次実施

①不平不満の兆候の把握

▶「そもそもそうした不満を持たれがちなもの」という前提で、「(何か困ったことが発生した際には) 幅広く耳を傾ける」旨を告知しておく

▼

②「話合い」の告知

▶一定の時間的猶予と可及的速やかさの双方を勘案した上で「×月×日×時から詳しく話を聞くので、材料を集めておいてくれる?」「悪いけど、それまでは改善方法を考えながら今の割振りで対応してね」などと告げる

▼

(以下の③④は必要に応じ複数回実施)

③実態の調査

▶行職員の材料とは別に「事務量/難度/保有能力/時間外勤務実態/業績情意考課結果などを参照しておく」

▼

④「話合い」の実施

▶"欠席裁判"とならないようにすることや、また中間管理職にも当事者意識を持たせることを考える一方で、「連帯責任は無責任」状態とならないように参加者を選定する

▶当該行職員が言い分を素直に吐露できるよう、言下に言い分を否定しない環境をつくり、必要十分にその主張を聴き、その上で「どうすれば全体最適をもたらせるか」を主題とする

▼

⑤改善策の実施

▶改善・解決原案に対する「採用・否決/期限」等を明言する

▶「100か0か」ではなく、意見の部分採用も行いつつ、当該行職員の意欲向上を目指す

結果として、幹部登用候補者についての格好のOJT機会にもなります。

こうした課題解決機会の設定にあたっては、**当事者に「単なる“ガス抜き”に使われた」「話を聴く“ふり”だけだった」と捉えられないような配慮も当然に求められます**。事前の期待が大きくなれば、その分だけ、「裏切られた」と受け止められた場合の反作用も大きくなりますので、注意してください。

金融商品・サービスの紹介やセールスが中心となる全員営業ですので、内部事務係には「事務処理中心の担当業務であったところに紹介・セールス行為が上乗せされた」状態を招きやすくなります。このため有り体に言えば、**特に内部事務係に不満が溜まりやすくなります**。よって営業店長には、こうした傾向にも配慮し、**内部事務係各自の様子を着実に窺(うかが)い続ける視点も欠かせません**。

なお、余談になりますが、こうした「縄張り意識に沿った不平不満」は、(全員営業実施時以外の)店舗統廃合時や合併再編時などにもままみられます。したがって、「ある程度はあって当たり前」と認識し、その前提で「いかに無くしていくか」が問われることになります。

「当店に限っては大丈夫！」と慢心する前の検証ポイント

ここまで失敗例を述べてきましたが、「あぁ、うちと同じ話が載っている」と思われた方もいれば、「うちではこうした状況はみられない、大丈夫だ」と思った方もいらっしゃると思います。

本当に課題・問題がなければそれに越したことはないのですが、明確に表面化していない課題が内包されていることも珍しくありません。というのも、人事権を持つ権限者に対し、わざわざ自分の都合の悪い面を晒そうとする者はいないからです。

営業店長ほか管理者には、**「自身が直接把握できる課題事象は全体の一部に過ぎない」「気づいていない何らかの課題を残す可能性がある」ことを自覚し、それを踏まえてどう実態を把握するか、を工夫する**姿勢が求められるのです。

以下に、自店における実態を検証する上での着眼点を例示します。

検証ポイント１　“隠れたセクショナリズム”はみられないか

①事象

セクショナリズムは、改めて言うまでもなく「百害あって一利なし」の事象です。

その一方で、「程度の差こそあれ、どこの金融機関の部店でもままみられる」、そして「厳しい就職選抜試験を勝ち抜いたはずの（優秀な）行職員の間にもみられる」ことを再認識する必要もあるでしょう。

つまるところ、理屈の上では、あるいは頭の中では「悪いこと」だと理解していながら、それが行動に反映されていないことに他なりません。もしくは、当事者自身や周囲がセクショナリズムに沿った思考・行動を示していることを自覚していなかったり、そうした事態を看過している、というのが実態です。

裏を返せば、セクショナリズムは、金融機関という組織が持って生まれた企業文化・組織風土等を背景として生じた一種のアレルギー反応と捉えられるでしょう。よって営業店長には、「あって当然」の冷静な視点をもって、捕捉・退治していく姿勢が不可欠と言えるでしょう。

②対応策

「セクショナリズム＝良くないこと」については、"標語"のレベルではすでに理解が浸透していると思われます。このため、単に原理原則を示すことより、**「セクショナリズムをなくせば、こんなにいいことがある」「担当者個々人にもこれだけ旨みがある」等のより現実的な損得勘定に訴える**ことが現実的と考えられます。

既述の理由を背景として、検証にあたっては、営業店長が店舗にいるときといないときの振舞いの違いも、確認が必要になります。「自分の目で見ていること」だけが真実とは限りません。特に、第6章で取り上げる営業店長自身による営業活動を実施する際には、席を空ける時間を増やさざるを得なくなりますので、「自分のいないところ」でも適切な業務遂行がなされる態勢を構築する必要があります。実務上では、正義感の強い若手行職員からの"直訴"等に頼らざるを得な

◎セクショナリズムについての課題認識・解消の着眼点

よくみられる課題解決策

教育・指導によって「セクショナリズム＝悪いこと」を理解させ、その上で各人に解消策の実施を期待する

だけれども…

「すでに分かっている→だけれどもまだ解消されていない」状態でさらに教育・訓練を重ねても効果は期待できない

したがって、より踏み込む必要あり

もう一歩踏み込んだ課題解決策

より直接的な「解消メリット」を伝えると共に、具体的な「声掛け」「内容説明」機会等を増大させる

そのためには…

実施協力を通じて「こうしたことをやってほしい→やってみれば意外にできる」を伝え合うことが効果的

いこともあるでしょう。

オートメーション化された大手製造業者の生産ラインとは異なり、人の“手”や“眼”による対応領域を多大に残す金融機関ですので、**セクショナリズム解消には相互理解が欠かせません**。相互理解のためには、互いに「どんなことをやっているのか」「どんな期待値に沿ってどんな課題を保有しているのか」等の要点を話し合う以外には方法がありません。

相互理解のための方策については、第4章でも詳しく触れていますので、ここでは、課題認識・解消時の着眼点についてだけ簡単にまとめておきます（前ページ図表）。

解消には、互いに「どんなことを期待しているのか」「どんな応援を求めているのか」等を理解し合い、その上で「(実際に）一歩を踏み込み合って仕事を代行し合う」ことがポイントとなります。

行職員の何気ない所作からセクショナリズム内在の可能性を疑い、実態を把握して、その解消を図る一連の対応が重要です。

検証ポイント2　個々人間での業務量の偏在はみられないか

①事象

金融機関の事務量は、顧客ニーズに応じて発生することとなるため、均等ではなく、季節・日にち・時間等の繁閑が相応にみられます。さらに、そのすべてについて例外なく、原則として取扱（＝対応可能）時間内に承った内容を期限までに処理しなければなりません。

そうした一方、担当者の区分はやや大括りで、「このあたりを頼むね」といった指示の下で、境界（線）が厳密には引かれない割当が一般的です。さらには、習熟度や自己啓発水準の違いを背景として、行職員個々人の処理能力の差異も、極めて大きい実態が認められます。

このため、実際の事務処理量・作業量には行職員によって相当な差異がもたらされています。有り体に言えば、「デキる人・断れない人のところに仕事が集まる」事態です。

営業店長には、全員営業の実施・機能化に先立った現状把握時に、こうした問題についても“光”を当てる対応が求められます。一部の

行職員によって業務量は偏在しがち。常に注意し、平準化を図ろう

飲食業などで指摘される**「やりがい搾取」等の事態をもたらせば、金融機関全体にマイナスをもたらしかねない**ことにも留意が必要です。

したがって、「(仕事とは) そういうものだ」などと看過しない対応が求められます。

②対応策

勘定系オンライン・システムの還元データの参照・活用については既に述べたとおりですが、**コンピュータ・システムに現れない事務量についても、ある程度算出する必要があります**。

これらについても作業量の平準化を図り、それをもって全員営業の促進材料とする目線が求められます。この際、把握自体が目的化してしまうことで新たな作業負荷がもたらされれば、その分だけ全員営業に注力できなくなることへの注意も必要です。“仕事のための仕事”は、少なければ少ないほどよいのです。

よって、可能な限り簡単な調査によって平準化を目指し、都度修正を図る対応が現実的となるでしょう。

次ページに、数字に現れにくい、事務量が見えにくい業務と、それを把握するための方策をまとめておきましたので参考にしてください。

検証ポイント3 「不安を残したまま/不十分な理解のまま」の業務遂行はみられないか

①事象

顧客に対する金融商品・サービスの紹介やセールスを増強するのが全員営業ですので、たとえ一時的な対応や一瞬の代行であっても、顧客側に誤った内容を説明することは許されません。言い換えれば、不明や不安な箇所があれば、全員営業に先立って解消・滅失しておく対応が当然に求められます。

そうした原理原則の一方で、現実には、行職員が不明な点や不安を残したまま全員営業に向かっている事態を疑わざるを得ません。「そんなはずはない」「当店では、担当者各自がきちんとこなせていることを自身の眼で確認できている」等の反論もあるでしょうが、まずは、営業店を取り巻く環境を今一度おさらいしておきましょう。

金融自由化や規制緩和の影響を受ける形で、現在の金融機関の取扱商品・サービスは広域化・深化が著しく、新卒者がこれらをひととおり覚えるまでには、大変な労力が必要となっています。

また一方で、規程・要領・手引き・マニュアル・通達ほか内部ルールも膨大な分量に達し、これらが複雑に相関している実態もみられます。言い換えれば、どれか一つの内部ルールの参照をもって業務をひととおり覚えることが、実態として難しいつくりに至っています。さ

◎注意が必要な「見えにくい事務量」

担当係	数字に現れにくい・事務量として隠れがちな業務
融資窓口	▶個人ローン延滞者に対する初期督促 ▶申込書等記入内容についての顧客説明 ▶顧客側提出資料に対する確認・訂正対応
内部事務	▶入出庫・開店閉店準備 ▶外訪対応［使走・手形交換所への持込み持帰り・郵便局など］ ▶（市町村・病院ほか）派出とのやり取り ▶（一番電話・二番電話ほか）電話受付 ▶夜間金庫受領内容開封・精査 ▶大口両替 ▶（店内・店外）ＡＴＭ・両替機の日常管理 ▶事務用品・顧客向けノベルティの保管・残数管理 ▶給茶 ▶シルバー層顧客への説明・案内
渉外	▶地区外顧客訪問［往復負荷］ ▶地区内行事参加

◎「見えにくい事務量」を把握するための方策

☑**特定業務別に各担当者の作業を洗い出す**

通常日（標準日）・月末日（繁忙日）などに分けて「おおよその作業量」を把握することも有効

☑**ある程度数値化する**

「作成資料の種類・枚数」「１枚あたりの作成時間」等を仮定し平準化のために利用することも有効

らに、端末入力や例外対応ほか、事務のすべてを明文化している金融機関もないと思われます。

その上、法律・制度の変遷やシステム更改などに伴い、事務取扱は常時変更を余儀なくされています。こうした実態の下で、金融機関を問わず「(本部等を含め) 現在取り扱っているすべての商品・サービスにまつわる事務処理を理解し切っている行職員は一人もいない」事態がもたらされていると考えられます。

このため、どこの金融機関の実務者も、顧客ニーズと事務取扱更新状況を両睨みで見合わせながら、確認対応しているのが実態です。

他方、相対的に知識・経験が乏しい若年層の行職員などは、修得対象があまりに膨大なため“分からない箇所が分からない”事態に陥ることも想像に難くありません。

また、「分からない⇒努力不足と捉えられる（のでは）⇒考課・評価を引き下げられる（のでは)」という心情を背景に、理解不十分や不安箇所を残している事実を上司に告げることに対し、抵抗を覚える向きもあるでしょう。

こうした全体感の下で、さらに直接の担当業務以外まで補う対応が求められるのが全員営業なのです。上席者等の全員営業への参画によって、日常、直属の上席者等に問われたり、指導されたりする機会も相対的に少なくなります。そうした背景の下で、**営業店長が認識する以上に不明・不安領域を残している事態を念のため疑う必要がある**でしょう。

②対応策

内部の評価などを気にするあまり、結果として顧客に誤った情報を提供すれば、取返しのつかない事態にも陥りかねないことは改めて言うまでもありません。行職員には、金融機関独特の“減点（を怖れる）思考”が常に働きがちとなるため、特に注意してください。

部下行職員への声掛けを通じ、言動に異変や疑わしい箇所などが認められた場合には、必要に応じ、第４章でみた検証対応（＝規程・要領ほか基本ルールに則った「可／不可」の聴取）を実施することが基本となります。

他方、ⓐこうしたルール検証もいざ実施すると相当の負荷を余儀なくされるため、検証者自身に相応の熱意が必要なこと、ⓑ本来検証の中心となる役席者自身に、業務への理解・遂行能力が不十分である可能性があること等を鑑み、状況によっては、営業店長自身が検証者として立ち会うことも視野に入れざるを得ないでしょう。

さらに、**「ここについては分からない」「ちょっと不安がある」といったことを気軽に口にできる環境をつくることも大切**です。知識不足という問題を軽視するわけではありませんが、ときに自身の担当業務外までを補完し合う全員営業ですから、知らなくても、理解していなくても、それほど自尊心を傷つけられることはないはずです。

逆説的には、**全員営業の活動を通じてそうした声を積極化させ、通常の担当業務でも「早めに告白して速やかに修得する」流れを作っていければ、言うことはありません**。

根源的な対策としては、個々の行職員の“守備範囲”を着実に拡充していくしかありません。その際には、顧客からの喜び・感謝の声を本人に還元し、成功体験を積み重ねていくことが有効であることは、すでに述べたとおりです。

「こんなに早く対応してくれて、おたくは本当にサービスがよい」といった顧客の声が耳に入れば、行職員の意欲も増していくというものです。

第6章

営業店長自身の"営業"を再度見直す

1 営業店長が行う営業活動の着眼点

全員営業の実施者は、営業店に所属する全員です。このため営業店長自身による営業活動も、数字などの具体的実績に結びつく形での成果が期待されます。

しかしながら現実には、営業店長による営業活動が、全体の生産性を低下させる“逆効果”を生むケースもままみられ、そうした活動自体に最適化余地を残す場合も珍しくありません。そこで本章では、全員営業体制において営業店長が行う営業活動について考えてみたいと思います。

◆1　営業店長自身の取組実績を公開する

営業店長は店内で最も多忙な存在であり、全員営業に対しても、業務全体の中での優先順位を勘案して参画する姿勢が欠かせません。

いくらプレイングマネジャー型の営業店長が求められているとは言え、訪問活動など、自身の目先の顧客対応を優先するばかりでは、営業店経営はうまくいきません。**「面倒」な他の業務から目をそらしたり他者に押し付けたりすれば、「営業を言い訳にして逃げてばかりいる」という印象を部下に与えることになります。**

かと言って、「管理が忙しいから」と店内にばかりいるのも問題です。営業店長の告知効果（announcement effect）は、正の意味でも負の意味でも非常に大きいため、「営業店長だって出ていないのに(なぜ「行け行け」言われるのか)」というような、やらない口実を与えることとなります。

このため現実的な対応としては、**訪問先などアプローチ対象の顧客をあらかじめリスト化した上で、ⓐ日次・週次・月次等の単位で営業に参画する具体的な時間配分や、ⓑ訪問（絶対）数をあらかじめ定め、進捗や取組実績を、営業店の誰もが確認できるようにしておくことが望まれます。獲得実績ではなく、取組実績を公開することがカギ**となります。

アプローチ先のリスト化にあたっては、単純に与信額や取引年数などだけに拘らないことにも留意してください。例えば、優良でありながら担当者が“バンザイ”をしたような（=『もう行けない』と吐露したような）先などを把握しリスティングした上で、もう一度担当者の定例訪問ができるよう交渉することなども考えられるでしょう。

こうした意見に対しては、多忙な営業店長から、以下のような反論が見込まれます。

- ▶「面倒だ」「新たな事務負担となる」
- ▶「『やったやった』とわざわざ言いたくない」「皆、自分が多忙なことや、そうした中で全員営業に参画していることは理解できているはずだ」
- ▶「営業店長が行っている営業内容自体を理解できていない中で、一部だけを公開しても何のことだか分からないはずだ」「そんなことをしなくとも(今は分からなくとも)、いずれ時がくれば分かる」

しかしながら、営業店長自身が考えるほど、部下行職員は「営業店長が活躍する姿」を見ていません。仮に見ていても、局所局所で「当然」と受け流していることのほうが多く、それよりもむしろ圧倒的に「見てほしくないところ」を凝視しているほうが多いのが実態です。

また、「いずれ時が来れば」といった希望的観測も排除すべきです。具体的な経営資源を割り当てられている以上、現段階での最適化・最善策の実行が最優先で当然に求められるわけであり、少し前の流行語ではありませんが、「今でしょ」に他なりません。

「営業店長が何をやっているのか分からない」のであれば、それを開示し必要十分に説明することで、店内の誰しもとの連携をさらに最適化する対応が求められるのです。

よって、「やっていることを部下に伝える」「分かりやすく伝える」ための一定の対応は避けられないと認識してください。そうした自身の行動が、全体を動かすのです。

自らが「やっている」ことを部下に分からせることで全員営業の活性化に寄与することは、営業店長の非常に大きな役割なのです。

◆2　経済性を勘案する

営業店長の人件費は一番高価なわけですから、「元を取る」べく経済合理性の観点に則って活動するのは当然のことです。

有り体に言えば、**顧客先への同行訪問については「原則として廃止」するくらいの強い意思を伝えることも一案**となります。「２名で１先⇒２名で２先」とするためです。

いろいろな金融機関で同行訪問の様子を拝見してきましたが、それを見る限り、事前の十分な準備対応が具体的に指示・指導されていないケースが少なくないようです。そもそも、ただ自分がやっているところに同席だけをさせて「盗め」と指示するのは極めて乱暴であり、効率的でもありません。

同行訪問の意図は、顧客面談時の具体的な応対話法をコピーさせることではないはずです。顧客はその数だけ個性を有しているため、各々の個性に応じてサービス提供姿勢を変化させる必要があります。それゆえに、1パターンのみの顧客対応を表面的にコピーさせただけでは、意味がありません。

根源的には、各々の担当者が、「情報提供を通じた満足度向上」「潜在ニーズの把握」「金融機関が提供する機能の活用方法」等の着眼点に沿って、思考・行動できなくては成果は期待できません。そのためには、個々人自らによる必要十分な諸準備が欠かせないのです。

したがって、**同行訪問というワンクッションを置くのではなく、担当者個々人の単独訪問活動を直接的に指導し支えることを優先すべき**です。実際のところ、同行訪問よりも、「ⓐ（訪問に先立った）事前準備のための指導・教育、ⓑ単独訪問、ⓒ実施後の振返りの補完」という指導を実践することのほうがずっと大変と思われます。しかしながら、これらに正面から向き合ったほうが成果は大きくなります。同行訪問に逃げていては、期待するような成果は上がらないと心得ることが肝要です。

営業店長の活動の経済性についてもう一つ着眼点を挙げると、「営業店長も全員営業の中では一つのパーツ（に過ぎない）」ことを踏まえれば、**必ずしも営業店長が単独で、営業を完結させる必要はありません**。

言い換えれば、**営業店長は「一番面倒で大変だが、効果の大きい部分」を担い、あとは他者に引き継ぐほうが経済合理性が高い**と言えるでしょう。一例を挙げれば、「営業店長がアプローチして店頭誘致につなげ、あとは融資窓口やテラーが多種多様な営業を展開する」形などがそのパターンと言えます。

◆3　具体的なセールスにまで踏み込む

全員営業の実施を通じて数字ほか具体的な成果を求める以上、**営業店長の活動にも、単なる挨拶や表敬対応以上の活動実績が求められます**。

一例ですが、ライオンズ・ロータリー・各種懇話会ほか地域の経済・親睦団体に加入している営業店長も多いと思います。そうした席で知り合った有力者に営業活動を実施することには、抵抗感を持つ向きもあると思います。しかしながら、現在の金融機関を取り巻く環境を勘案すれば、そんなことは言っていられないと考えざるを得ません。

営業店長自身を含め、人間には誰しも「人に厳しく自分に甘い」面があります。「あまり激しく営業活動を行ってはライオンズやロータリーに行きにくくなる」という本音もあるでしょうが、営業店長には、そのような「やりにくさ」を踏まえた上でのプラスαが求められます。

部下行職員も、そうした「やりにくさ」は分かっているものです。だからこそ営業店長には、それを踏まえた上での実績が求められるのです。

◆4　リードタイムの短縮を意識する

金融機関経営にも効率性や生産性が求められる以上、常にこれらを意識した活動が求められます。全員営業も例外ではありません。

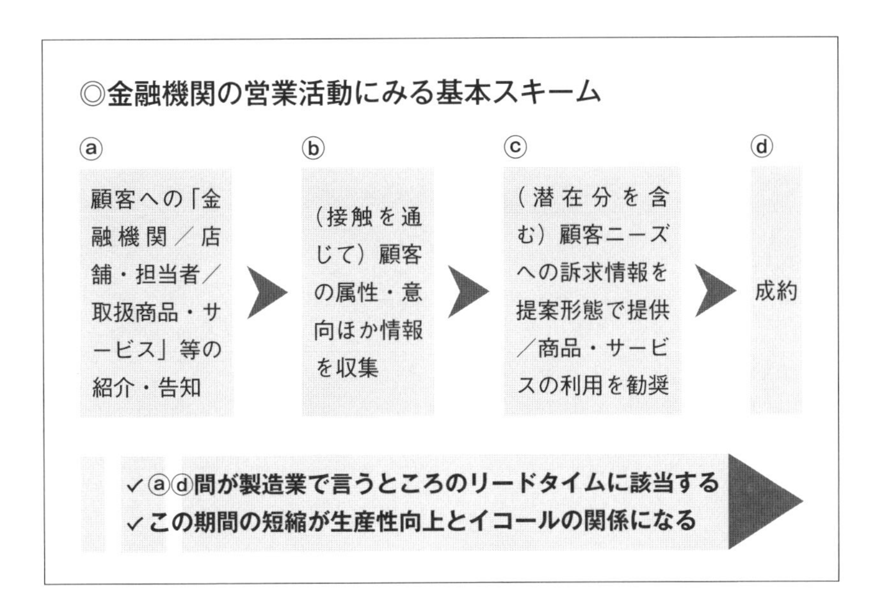

製造業の場合、製品を完成させるまでの時間をできるだけ短縮するとともに、併せて不良製品の産出などエラー率を低下させるための創意工夫がなされています。金融機関の全員営業においても、このリードタイムの短縮・圧縮が図られれば、経営資源を他の顧客に対する営業活動に振り向けることが可能になります（上記図表参照）。

メイン化・リピーター化を図るためにも、顧客に対する幅広い営業活動は欠かせませんが、そのためには**一先一先への開拓・深耕時間を短縮化させ、"カバー率"や"回転率"を高める必要がある**のです。「長時間・長い間隔を空けて少数の接触」から「短時間・短い間隔で高頻度・多数の接触」に転換・変更を図る考え方です。

「（前項◆1で述べたリスト化先に対して）偏りなく・間隔を空け過ぎることなく継続的に接触し続ける」「"空振り"のないよう事前予約を行う」ことは当然です。プラスαの工夫としては、後者の際に、㋐面談要件を伝えたり、事前準備を依頼する、㋑希望の面談開始時間だけでなく所要時間を伝える、ことも一案となるでしょう。

面談予約の際に、「できましたら××をご検討いただきたく、そのために××の中身が分かるものをご用意いただくことをご検討願えないかと」「ご多忙と思いますので、×時×分から最長で30分弱ほどお時間を頂戴できないかと」とあらかじめ依頼・打診しておく施策です。

また、「新規サービスの紹介」「不良債権の実態把握」等、同一の主題に沿って渉外活動を集約することや、会合等でのキーマンとの接触時に大まかな面談希望を伝えておくことも一案となるでしょう。

営業店長自身がこうした行動を開示・説明することで、部下行職員に模倣され、全員営業を含む店舗全体のリードタイム短縮効果が見込まれます。

さらに、推進に支障が生じている対象・案件について、障害を早期に取り除いたり、最後の詰めを行うことも、営業店長の役割として考えられます。「あとは他行の顔色に逡巡している会長の“ゴーサイン”だけ」といった状態に対する“最後のひと押し”などが典型となるでしょう。

◆5　具体的な活動例

あくまで一例となりますが、全員営業体制の中で営業店長が行うべき営業活動としては、次の表にあるようなものが考えられます。

この際の注意点として、「**他者の担当領域と重複した活動を行うことを避ける**」ことを徹底するようにしてください。単に「支店長代理や係長でもできる仕事」「支店長代理や係長に期待される役割」を代行することは、典型的な二重投資であり、相応の給料をもらっていながら、下の職位の仕事を行うことになってしまいます。

◎営業店長による全員営業への参画の例

営業対象	営業内容
「決裁権を持つ人物と話ができる＝早期の取引判断が可能」という期待を引き出せる先	広域・大型開発計画の中核事業者・不動産事業者の実権者等との面談を通じた情報提供・収集など
競合先金融機関から人材を受け入れているなど、「競合先と通常以上に強固な結びつきがみられる」先	上場企業など一定以上の業容の事業者における、金融機関出身の経理担当責任者との面談を通じた主要取引金融機関の意向などの情報収集と取引開拓など
「相手の肩書きに応じて面談者や面談姿勢」を露骨に変える一方で、渉外担当者などの創意工夫の余地が相対的に小さい先	地方公共団体（幹部職）職員との面談・情報収集など
営業店長自身の発信力により、（いわゆる“プル型営業”で）取引効果が見込める先	各種会合における講師活動を通じた情報発信や受講者・他講師との関係構築・維持拡大など
“腰の低さ”を示すことが取引深耕を早める効果が見込める先	新規取引成約後の会社代表者・創業者・経理部門責任者への迅速なお礼訪問など
顧客内部に問題を抱える中で「相応の地位の人物自身が解決に向き合う」ことが訴求力を高める見込みを残す先	（親子間など）経営者一族内部に紛争等を抱えている先に対する当事者各々との面談を通じた情報提供・収集など
取引意向等への謝絶にあたり特に注意を要する先	大口出資者との面談を通じた金融機関の意向説明など

2 営業店長のこんな発言が全員営業体制をダメにする

全員営業体制における営業店長は、全体の司令官であると同時に、自らも営業活動に取り組み、成果を上げることが求められます。

全員営業への営業店長の具体的な参画の仕方については前項で示したとおりですが、実際の現場では、**よくよく言動に注意しないと、部下行職員の思わぬ反発を買うケースも起こり得ます**。それがひいては、店舗全体の全員営業への士気を弱めることにもつながっていくものであり、営業店長としては十分な注意が必要です。

以下、全員営業に加わる営業店長から往々にして聞かれる「注意すべき発言」を挙げ、そうした発言が、部下行職員に本音としてどのように受け止められるのかをまとめてみました。

かつて、ここに発言を挙げたような営業店長に接した経験を皆さんもお持ちではないでしょうか。立場を変えて、いま皆さん自身がこうした考え方や発言をしていないか、念のため、わが身を振り返ってみてください。

◎全員営業への参画に関してよく聞かれる営業店長の発言とそれを聞いた部下の本音

●**[営業店長の発言]**「この忙しいのに、（全員営業の・自分の）割当分をやらなきゃなんないんで、もうウンザリだよ」

→**[部下の本音]**
「もらうものをもらっていながら、何て言い草だ。そんなあんたに言われてやらされるこっちは、もっとウンザリだよ」

●**[営業店長の発言]**「『ここ一番の押しがほしい』『あと一歩で取れる』ってときにはいつでも行くので言ってね」

→**[部下の本音]**
「最後の最後で油揚げをさらおうってつもりなのか、それとも『自分が行ったから取れた』っていう実績が欲しいのか…。“いい顔”できるときだけ付いてきて、『取った取った』って言われてもなあ…」

●**[営業店長の発言]**「あのお客さんは私が出て行かないと満足しないだろうから、そろそろ私の出番だね」

→**[部下の本音]**
「日頃のこっちの努力を何だと思っているんだ。そんなに言うなら全部自分で担当して完結させてほしいよ」

●**[営業店長の発言]**「こういう類の案件はないの？　融資部時代にこなしてある程度のノウハウがあるんで、こういうのは私が営業したほうがいいと思うんだけど」

→**[部下の本音]**
「好きな仕事ばっかりやりたがるよな。でも、うるさいから“お膳立て”しないといけないし…。案件を持っていったら持っていったで、また自慢話をされても不愉快なだけなんだけど」

●[営業店長の発言]「ウチはとにかく全員営業が求められているんだから、何かあったらいつでも一緒に行くから言ってよ」

→[部下の本音]

「そんなこと言われなくても分かっているし、そう言うのなら大変な先を一人で獲得してきてほしいもんだよ。きっと顧客も仕事もよく知らないんで、一人じゃ怖くて行けないんだろうな。調整も面倒だし困ったもんだ」

●[営業店長の発言]「全員営業と人材育成の両立を図る必要があるんで、若手との同行訪問を実施するから予定を組んでくれる？私の背中を見せることが一番の教育方法だからね」

→[部下の本音]

「こっちの予定はお構いなしだな。いつでもどこでも同じ話をされて、取り立てて役に立つこともないし、顧客が喜んでいるふうでもないんで、学べるところは『滑っても折れない心』くらいのものなんだけどな」

●[営業店長の発言]「私はこの店の責任者で代表者でもあるんだから、それなりの先には折々できちんと挨拶に行かないと、店全体が笑われるんだよ。だから、有力先への挨拶のアポはしっかりとってくれないと困るよ。」

→[部下の本音]

「開拓や獲得が一番大変なんで、有力先のご機嫌伺いなんて後にしてほしいのに、つまんない自尊心に振り回されてウンザリだよ。そもそも先方は忙しいし、ただ行って威張られてもその後のフォローが大変なだけなんだよな」

営業店に属する行職員は多数に及びますが、営業店長は一人です。このため、営業店長は常に多数の目で捉えられていることを自覚する必要があります。「下は上の力量や性格を一瞬で見抜く」とも言われていることを改めて認識するようにしてください。

「上意下達」の企業文化・組織風土が一般的で、他業態と比べても"番付制"の上下関係が厳しいと言われる金融機関ですので、上席者に意見することは大変に勇気の要ることです。営業店長の発言に対して、本心では「おかしなことを言っているな」と思っていても、いちいち口に出したり反論したりはしないものなのです。行職員のそうした行動様式は、全員営業に関することであっても、もちろん例外ではありません。

例示のような営業店長の発言に対する反応は、「そうですよね。大変ですものね」など営業店長の意を忖度(そんたく)したものとなるでしょう。しかしながら、本音は図表に示したとおりなのです。

部下行職員が明るく前向きに業務に取り組むのと"嫌々感"まる出しの状態で取り組むのでは、当然に意欲や成果が異なる結果を招くことになります。このため、**営業店長自らが空気を悪くするような発言をわずかでも口にすることは絶対に慎むべき**です。

営業店長に求められる資質には、部下の成功体験をともに喜ぶ感性に加え、部下の気持ちを推し量る想像力が絶対的に求められます。

「どのように成功体験を積み重ねて糧にしてもらうか」を考え、取り組んでいかなければならない中で、**「営業店長自身の手柄がほしいのでは？」と疑われるような発言・行動が大きなマイナスとなることは言うまでもありません**。

また、近時の金融実務は、広域化・深化が著しく、法制やコンピュータ・システムも常時更新が図られるため、すべての業務に精通しているような行職員は存在しません。しかしながら、それだからこそ常に知識の吸収・更新を図らなければならず、営業店長はそれを促す立場にあります。そうした中で、**「自分の好きなことばかりやりたがる」と捉えられるような言動も、たとえそれが誤解であっても避けなければなりません**。

こうした言動がもたらす弊害は大きく、「どうせ支店長が自分でやりたがるだろうから、やってもらえばよい」などと、部下が自身の取り組むべき業務から外そうとする圧力となりかねません。さらに言えば、顧客よりも営業店長の顔色ばかり窺(うかが)う“プロのごますり”(こういった行職員はどこの組織にも数多く存在します)が、「営業店長のお気に入りの業務・相手先」を抽出し、馳せ参じる姿が目に浮かびます。

そうなれば、全員営業どころではなくなり、営業店は各自てんでばらばらな状態となり、典型的な逆効果となってしまいます。

したがって営業店長にあっては、部下行職員にこのように受け取られかねない言動について、自戒に自戒を重ねることを片時も忘れないようにしてください。文字どおり、“自分を律する”行動が問われていることを自覚する必要があります。

実務的には、本部行職員の臨店訪問時などに、第三者視点で「自身の発言をどう思うか」や「部下行職員がどのように受け止めているのか」の検証を依頼することなども一案となるでしょう。

索　引

■著者紹介■

佐々木　城夛（ささき・じょうた）

信金中央金庫　信用金庫部　上席審議役

1967年8月生まれ、東京都出身。1990年3月慶應義塾大学法学部法律学科卒業、同年4月全国信用金庫連合会（現・信金中央金庫）入庫。営業店・総合企画部・欧州系証券現法（在英国）・総合研究所等を経て、信用金庫部にて経営相談を担当。2011年3月信用金庫部上席審議役兼コンサルティング室長、2012年6月北海信用金庫常勤監事、2014年6月信金中央金庫静岡支店長、2016年4月より現職。

営業推進、不祥事件防止・抑止、オペレーショナル・リスク・コントロール、市場リスク管理、能力開発、取引先支援等をテーマに経営相談を実施。

＜主な寄稿＞

【単著】

『金融機関の監査部監査・自店内検査力強化の手引き―金融機関を守る最後の砦』（金融財政事情研究会）

『これでわかった！イケイケ銀行担当者への変身・脱皮法―取引先に行く勇気がわく本』（近代セールス社）

【通信教育テキスト】

『営業店を強くする　プレイング・マネージャー入門講座』（近代セールス社）

『エピソードで学ぶ「課長飯田橋の人材育成（フォローアップマネジメント）奮闘記」』（日本技能教育開発センター［JTEX］）

【雑誌・新聞等】

『近代セールス』『バンクビジネス』『週刊金融財政事情』『銀行実務』『銀行法務２１』

『New Finance』『週刊エコノミスト』『静岡新聞』ほか多数

■参考文献■

『ゼミナール経営学入門（第３版）』伊丹敬之・加護野忠男・著　日本経済新聞社

「ここだけは押さえておきたい　個人ローン販売時の注意点」『銀行実務　2016年10月号』　佐々木　城夛　銀行研修社

あなたの店を強くする

全員営業体制のつくり方

平成29年4月11日　初版発行
著　者――佐々木城夛
発行者――福地　健
発　行――株式会社近代セールス社
〒164-8640　東京都中野区中央1-13-9
電話：03-3366-5701　FAX：03-3366-2706
印刷・製本――株式会社三友社
装丁・DTP――里村万寿夫
イラスト――五十嵐晃
編集担当――飛田浩康

©2017　Jota Sasaki

本書の一部あるいは全部を無断で複写・複製あるいは転載することは、法律で定められた場合を除き著作権の侵害になります。

ISBN978-4-7650-2070-1